文通天下

阅 读 是 一 切 美 好 的 开 始

了不起的发光女孩

孙娇 等 著

中国水利水电出版社
www.waterpub.com.cn

·北京·

内 容 提 要

本书是一本有温度、有力量的治愈系作品，全书共分为我还是想过滚烫的人生；愿你特别凶猛，也特别温柔；热爱可抵岁月漫长；愿你的坚持，都是因为热爱；做自己才是真正的勇敢；活成自己生命中的那束光等六个部分。作者用温柔细腻的文字告诉读者，遵从内心的想法做好自己，追求自己的梦想，也可以成为真正闪闪发光的自己。

图书在版编目（CIP）数据

了不起的发光女孩 / 孙娇等著. -- 北京 : 中国水利水电出版社，2022.6
ISBN 978-7-5226-0739-9

Ⅰ. ①了… Ⅱ. ①孙… Ⅲ. ①自律—通俗读物 Ⅳ. ①C933.41-49

中国版本图书馆CIP数据核字(2022)第093691号

书　　名	了不起的发光女孩 LIAOBUQI DE FAGUANG NÜHAI
作　　者	孙娇　等著
出版发行	中国水利水电出版社 （北京市海淀区玉渊潭南路1号D座　100038） 网址：www.waterpub.com.cn E-mail：sales@mwr.gov.cn 电话：（010）68545888（营销中心）
经　　售	北京科水图书销售有限公司 电话：（010）68545874、63202643 全国各地新华书店和相关出版物销售网点
排　　版	北京水利万物传媒有限公司
印　　刷	天津鑫旭阳印刷有限公司
规　　格	146mm×210mm　32开本　8.5印张　230千字
版　　次	2022年6月第1版　2022年6月第1次印刷
定　　价	49.80元

01

辑一

我还是想过滚烫的人生

002 请尊重一个姑娘的自律

007 因为不是天生丽质，所以必须天生励志

012 自律的女人，活该美一辈子

017 人生苦短，别懂得太晚

023 当人生遇见梦想，折腾就有了希望

028 那些难过的事，终究会过去

033 我还是想过滚烫的人生

039 不完美，依然很美

02

辑二

愿你特别凶猛，也特别温柔

046　除了你自己，没人可以定义你想要的人生

051　忍到春暖花开，走到灯火通明

056　愿你特别凶猛，也特别温柔

062　姑娘，你的人生你说了算

067　愿你历经艰难困苦，归来仍可迎风起舞

073　先做英雄，后做美人

079　只要足够坚持，终将收获美好

085　你做的每一个选择都在逆天改命

03

辑三

热爱可抵岁月漫长

092　只要努力，什么时候都不晚

097　坚持，只为心中那份执着

103　热爱可抵岁月漫长

108　追梦的路上，你就是一道光

113　只要足够努力，平凡的人也能发光

119　不设限的人生才精彩

124　你的身材里藏着你的自律

04

辑四

愿你的坚持，都是因为热爱

130 愿你的坚持，都是因为热爱

136 姑娘，请你别着急否定自己

141 姑娘，职场中请披甲戴盔上阵

146 你得放得下痛苦，才能装得进幸福

151 不负青春与梦想，理想与你皆闪耀

156 走过春夏秋冬，依旧笑靥如花

161 你会成为另一个你，在你不知道的那一刻

166 静静的木棉树

172 生活再难，也要心怀希望

05

辑五

做自己才是真正的勇敢

180 做自己才是真正的勇敢

186 梦想从来都靠自己成全

191 余生，做一个自带光芒的女子

196 只要足够努力，幸运不会缺席

201 你以为的人生开挂，不过是厚积薄发

207 只要不断努力，终将熠熠生辉

212 让过往的每一分钟都为未来增值

06

辑六

活成自己生命中的那束光

218 用自律去丈量人生的每一步

223 凡事努力做到最好，你就离
成功不远了

228 活成自己生命中的那束光

234 做一个灵魂带香气的女子

239 赢在最后的都是坚持

244 愿你像白昼的月亮，温暖而
独立

249 不忘初心，方得始终

254 运气，不过是机会碰到了你
的努力

259 越能克制自己的女孩，活得
越通透

01

辑一

我还是想过滚烫的人生

请尊重一个姑娘的自律

文/雪忆柔

你有多久没有完整地读完一本书了？你有多久没有感受过运动后的汗流浃背了？你有多久没有放下手机好好地欣赏这个世界了？那些"来日方长"终究变成了"以后再说，我很忙"。

一个人的自律正是从告别借口开始，克服习惯性的怠惰，生命便充满了生机。你可以不认同，但请选择尊重。

*

现在朋友圈最流行的头像是什么？"不瘦十斤不换头像"八成会稳居第一吧！身材管理远比皮肤状态更能呈现出一个人的面貌。于是有太多女孩开始了减肥之路，却始终放不下手中的饮品、甜品，还有速食快餐。

很多人在看过电影《机器人总动员》之后，深为瓦力和伊娃的爱情故事所打动。然而更令人深思的是，未来世界的人类已经不会行走了，他们习惯了坐在空间椅上享受，无须动手就可以轻松得到一切。当智能化无可替代时，人类因坐享其成而自食的恶果，才是影片中最震撼人心的一幕。

身材管理，往往是人生管理的第一步。

在电影《瘦身男女》中，MiniMo原本是一个典型的"九头身"美女。但是在承受失恋的打击之后，自暴自弃的她拥有了相扑力士的身材。而后，她又遭受一系列的冷眼和嘲笑，越发地放纵自己。就在这时，她遇见了肥佬，两个同病相怜的人成为无话不谈的好友。

最后，仍然是因为爱情，让他们瘦成了俊男靓女。MiniMo在追爱的过程中，认清了真爱。肥佬在陪伴心爱之人变美的同时，也打造出最好的自己。彼此成就的爱情，是以自律为前提，是你愿意为了自己和所爱之人，而心甘情愿付出努力。

自律不是内卷，你可以不用反手摸肚脐，不必锁骨放硬币，模特身材也不是终极目的。每个人都有自己的临界值，保持在合理的范围内，而不是为了自律而画地为牢。

自律，其实是为了自由，从此可以万事随性、万念随心。

一个人的脸上，藏着他读过的书、走过的路。当然还有他为这良好状态所做的付出。

最励志的朋友圈文案，不只要更换头像，还要时刻为自己加油：一定要持之以恒地保持自律，而后惊艳全世界！

*

谷爱凌，从天才少女到冰雪女王，正是这些高效自律的秘籍，使她一步步实现了自己的目标。

儿时的谷爱凌，每年都会跟随母亲回到北京看望外公外婆。在母亲的熏陶下，她爱上了冰雪运动。第一次接触滑雪时，她只有3岁。从此，滑雪成为她最享受的事。

9岁的孩子通常不是在上学，就是辗转于各个补习班，而谷爱凌已经开始在各项滑雪比赛中崭露头角。从她爱上这项极限运动的那一刻起，她的名字便与"天才"紧密相连。

她是滑雪场上翻飞的蝴蝶，旋转、跳跃，无所不能。然而，个人爱好没有占据她的全部。2020年，17岁的谷爱凌在美国的高考成绩是1580分，只差20分就能达到满分。她是当年福布斯中国30岁以下精英榜中年纪最小的入选者。

世人看到的是她的光环，却鲜少知道她的艰辛付出。

她也曾一次次跌倒，甚至数次摔得满身是伤，在她开始选择滑雪这条路的时候，就严格为自己制定了各项计划表，从起床穿衣到训练学习，严苛的管理让她一步步地接近成功。一年四季，从酷暑到寒冬，她都风雨无阻地坚持跑步。极度的自律，必然享受得到满额的回报。

然而，谷爱凌所擅长的不只是滑雪，还有钢琴、芭蕾、足球、骑马、攀岩、越野，她让世人了解到了青春的肆意无敌。她充实自己的人生履历时，也在充盈着自己的精神世界。

她独立且坚强，踏实地向自己的目标迈进。

多数情况下，精神的贫瘠和匮乏，才容易滋生更重的焦虑。毕竟，身体的富足并不代表精神得到了满足。

拥有惊世才华的人，必然具备强大的精神世界。

自律，构筑了人与人之间的分水岭。

自律到极致的人，不是内卷了他人，而是善待了自己。

自律，无论何时开始都不算晚。

不如，就从此刻开始。

*

哲学家康德说过："所谓自由，不是随心所欲，而是自我主宰。"

这何尝不是一种自律的高级表达！

如果说"精神"是主观达到的一种状态，那么"灵魂"则是深入骨髓后呈现出的气质。

身体和灵魂，总有一个要在路上。

创作了《金陵十三钗》《陆犯焉识》的女作家严歌苓，也是一个极致的自律主义者。

严歌苓自小便流露出文艺气质，她热爱文学，却也严格管理自己。从日常三餐到一言一行，她要求自己时刻以理智的思维去判断。

自她成为作家的那天起，每天都要在书桌前端坐六七个小时，从而约束自己完成创作。除此之外，每隔一天还要去游泳。正是这种严苛的自律，让严歌苓的名字经常与各大影视剧相连，比如《归来》《芳华》《一个女人的史诗》等。

在他人眼中，严歌苓的生活是近乎苦行僧的状态，但是她自己却乐在其中。她享受这样的生活方式，因为自律让她感受到了脉搏的跳动，悟透了生命的广度。她的那些真切感悟，便化成了真情实感的文字。

严歌苓拥有的那丰满的灵魂，便是自律所带来的福利。

有一句话说得格外好：女人的第一根白发和第一道皱纹，是从放弃自己的那一刻开始的。

你若努力，便是与"衰老"进行一场拉力赛。灵魂永远年轻，岁月只是在追逐你而已。

都说相由心生，良好的生活状态就印记在脸上。你无欲无求，自然面相平和。你欲壑难填，必然凶相毕露。那些自以为的不快乐，只是因为灵魂深处得不到满足。

在年轻人中流传着这样一句话："不管什么时候，做个不凑合、不打折、不便宜、不糟糕的好姑娘。"

世间所有惊喜，都源于日积月累的善意盈盈。

世上优秀的人，皆源于日复一日的高度自律。

最后，愿你腹有诗书，灵魂充满香气；愿你倾国倾城，内心充满底气。

你的自律，值得被尊重。

因为不是天生丽质，所以必须天生励志

文/慕新阳

前些日子，在收听某个电台时，有位女生向电台主持人大倒苦水，说自己身材臃肿又没有气质，和同龄女生相比，太容易被冷落，因此她非常自卑。

可当主持人苦口婆心地建议她不如用减肥来保持身材，用读书和旅行来开阔眼界、提升修养时，她又找理由为自己的惰性开脱："我也曾减过肥，可是那种气喘吁吁的感觉和节食太折磨人了。要说读书和旅行，我平时哪有那么多时间和资金啊。"

听到这儿，连主持人都深深地叹了一口气，既不满于现状又不愿意去改变，真的是人生一大失败事。

很多时候，并不是我们选择了生活，而是生活选择了我们。

为什么明明知道前方可能是苦和累，还要逼自己往前走呢？那是因为很多时候我们别无选择，只能跟人生豪赌一场，不论结果会怎样。

说到跑步，那绝不是一曝十寒就能见效的，而是要长期坚持，在每天的锻炼中形成习惯；读书本就是一种静心修养，急于求成、过于浮躁，就看不到日积月累的进步。

说旅游费钱、费时间也无非是惰性的掩饰罢了，那些坐趟地铁就能抵达而且完全免费的公园、博物馆、艺术展览馆你又去过多少次呢？

这类女生，看到的只是别人光鲜亮丽的一面，却从不忍心对自己下狠心，只想让别人透过表象看到自己的内在美，可她仅有的一点儿内在美，也会在自暴自弃下消磨殆尽。到最后，也只剩下对别人羡慕和嫉妒了。

所谓美貌，并不一定是天生丽质，通过自身的努力也可以完全展现出来。

要知道，有的人，就算给她一张国际明星的脸蛋，也活不出精彩的人生。

所以，如果你不是天生丽质，那请你一定要天生励志。

*

我一直很喜欢的一个主持人，早年曾和别人主演过一部爱情电影。在影片中，那个由她饰演的在演艺圈里摸爬滚打，一直想在巨星姐姐面前证明自己的十八线演员，正是她的真实写照。

当演起被虐的"路人甲"时，几个或悲或喜的素颜镜头，都能明显地看到她的脸上有一层薄薄的血丝，可以看得出来她为了演好角色真的很拼命。那场戏，她无疑是最值得夸赞的人。

没有姣好的面容，那就用奋斗去弥补；没有傲人的曲线，那就用自律来实现。

不得不说，她的人生，活成了自己喜欢的模样。

透过屏幕，谁又会想到，已近不惑的她已是3个孩子的妈妈，魔鬼般的身材让不少20岁出头的女生都望尘莫及。

用纱布腹带努力留住青春的她，不论工作多么辛苦，都会挤出时间去运动，家里腾出了一间专门用来练习舞蹈瑜伽的房间，她和私人教练一样，从未迟到缺席过。

除此之外，她还对自己的嘴严加看管，哪怕再馋，也决不允许自己吃半点儿高热量的食物。

长期的自律让她的人生焕然一新。后来，有人问她是怎么保持身材的，她用早些年录制视频时说过的一句话来回答："世界上没有胖女人，只有懒女人。"

没有姣好的面容又有什么关系呢？你大可不必为此担心和自卑。

因为主宰你的并不是姣好的面容，在这个时代真正主宰你的，是努力证明自己的、从不言弃的灵魂。

只要活着一天，便好好地爱一天；只要活着一天，再难，也要拼尽全力，让嘴角扬起好看的弧度，直面人生所有的不如意。

看着不够天生丽质还在奋力奔跑的人，那些身材走样后只会牢骚满腹的人，恐怕连最后的末班车都要错过了。

要记住，是继续沦丧下去，还是要活得漂亮，决定权始终握在你自己手里。

*

朋友圈曾经流行这样一句话：不必问别人是怎么安排时间的，如果有一个普通人得到了你一直想要的东西，那一定是因为他比你更想要。

事实证明，女人对自己狠起来，力量是无法预估的。

某位微博大咖就是这样一个人。每天凌晨4点，她都会更新一条晨起动态，她每时每刻都保持着元气满满的精神状态。

她爱写作，会因为一篇文章构思好几晚；她爱穿搭，就从网上下载教学视频随时学习；她爱摄影，就专门报了一个摄影班，从理论开始一点一滴地学起。

虽然这些技能或爱好会花费很多时间，而且不一定能够达到理想的那个终点，可她始终如一地坚持，让她有了质的飞跃。

有好多人在评论区问她："你长得那么好看，为什么还那么拼？"

她的回答获得了无数人的点赞："这个世界从来就不缺长得好看的人，摆在我面前的只有更加的努力。"她早已把励志当作一辈子的事情，并为之不断努力。

当然，她的回答也引起了不小的争论，有人说："老天爷赏给我的一张脸，我就是想被人宠、被人爱，想走捷径，一劳永逸，我又碍着谁了呢？"

且不论这样的言论有多偏激，稍微理性一点儿的人都会明白：比你长得好看的人会比你更努力，其实是挺细思极恐的一件事儿。

当你还在纠结是去食堂还是去外面吃饭时，她已经早早地吃饭回来，制订好下班前的计划了；当你还在反复按掉闹钟，睡到天昏地暗的时候，她已经跑完步回来，化上精致的淡妆去工作了；当你惊呼终于清空了购物车的时候，她还在忙策划案，虽然累，却业绩满满。

比起那些漂亮又努力的人，你还有什么理由得过且过地混日子呢？人生漫漫，你有很多时间去留退路，但不要一开始就走退路。

正是因为你不是天生丽质，所以更要"天生励志"。励志，不是一个过程，而是一件可以坚持一辈子的事。

为了一份长久的事业，为了一对操劳的父母，为了一场纯粹的感情，也为了成就一个更好的自己，请你一定要倒逼自己成长。

因为只有当下努力，才有资格谈未来。

当岁月带走了一切，要记得，我们还有聪慧的头脑、勤奋的双手和不舍昼夜的脚步。

自律的女人，活该美一辈子

文/倪小七

要做一件事，总能找到时间和理由；不做一件事，总能找到借口。

时间这东西不会随人的意志增多或减少，可为什么别人能从容不迫你却焦头烂额？时光不会偏心，只是你在给放任找借口而已。"我很想努力，但没有时间"这句话怎么听都像是借口。

*

在豆瓣上看到一个问题：用一句话形容你最忙的时候是什么样子的？

有个网友的回答我觉得很戳心，她说："记得当时忙到连洗澡洗头都没时间，洗脸也是随便应付，每天顶着满头油垢的头发去上班。"

评论区立刻炸了，除了一条又一条的比惨评论外，有两种观点比较扎眼。

一部分网友说再忙也不能让自己蓬头垢面，女人就是要美美的。

另一部分网友说不知他人苦就不要胡咧咧，你永远不知道别人有多忙。

这话乍听走心，其实并没有什么道理。年轻人的日子没有容易的，除非你想混吃等死，但再忙出门前洗个头、换件干净的衣服、擦把脸，总是能做到的啊。

请不要再找借口说自己忙。不是你没有时间，而是你放弃了时间。莎士比亚有句名言："放弃时间的人，时间也会放弃他。"

当你放弃了梳洗打理自己的时间之后，那岁月自然就会遗忘你曾经美丽动人的样子，只会在你脸上留下一道道与年龄不符的沧桑。

那些打着"忙"的幌子把生活弄得一塌糊涂的女人，其实不过是没有好好爱自己的习惯而已。

再忙也要保持好状态，出门前把自己收拾得干干净净的，这就是女人的自律。做最好的自己，过得体的生活，快乐就是这么简单。

*

在抖音上看到一段视频：一位满头白发的老奶奶，发髻间簪着一朵火红的花儿，自信地走在街市上。

年轻已经流走了，但美貌依旧在，岁数从不曾败坏美人。女人美一时容易，美一辈子很难。可是有些奇女子的美就是任凭风吹雨打却依然如故。凭什么？凭才华，凭努力，凭自律。

世间奇女子颇多，唐瑛就是其中的佼佼者。唐瑛出生在上海，据她妹妹回忆，她们从小在日常生活中就非常讲究礼仪，每一餐都有精确的时间表，甚至连几点喝下午茶，都不能错过时间点。这种讲究在小时候只能算是规矩或者家教，可是唐瑛却践行了一辈子。她直到晚年依然保持着从小践行的生活习惯。唐瑛在60多岁回国探亲时身穿葱绿色的旗袍，身姿曼妙犹如少女。

因为在生活上自律了一辈子，所以她也美丽了一辈子。

那么什么样的女人才叫美丽？是明眸皓齿还是柳腰粉面？其实都不是。浓眉大眼也好，绿豆小眼也罢，只要眼睛里有光，只要生活有质量，只要能够在阳光下自由而明媚地行走，就算得上美人。

说白了，女人的美源于自信。自信源于底气，而底气源于自律。

一个整天记挂着生活琐事，一开口就是是非、绯闻、鸡毛蒜皮的女人，内心必然是焦躁不安的。满腹苦水模糊了她的眼睛，也迟钝了她的思维，她很容易沉沦在自怨自艾的迷局里醒不过来。

总觉得自己很累、很苦、很委屈，却唯独忘记了怎样去摆脱那一地鸡毛重拾自己的美好。

美丽久了，就成习惯了；抱怨久了，也会成为习惯。你是想做一个云淡风轻、走路带风的潇洒女郎，还是想做一个脸色蜡黄、泪眼婆娑的悲情女人？

人生的路就像手掌的纹路，只要你愿意，握紧拳头就能把它们攥进手心里。一个女人能不能把握自己的人生，关键就在于你有没有持续握拳的自律。

自律的女人会美一辈子，美丽是对自律最好的证明。

*

在电视剧《三十而已》里，刚生了孩子的顾佳跟闺蜜倾诉："出了月子之后，我就觉得顾佳死了，我只是许子言的妈妈。"

刚做全职妈妈的她是有些苦闷和迷茫的，她觉得失去了自我。所幸顾佳没有让自己颓废下去，很快调整了状态。在照顾好孩子的同时，她坚持学习和锻炼。即便远离了职场，她的英语水平也丝毫没有退步。即便做了全职主妇，她依然每天练空中瑜伽来维持完美的身形和自身的气质。请注意，不是一天两天，而是每天，她从未放弃对事业和身材的管理。

成功从来不是一蹴而就的，自律也不是一朝一夕的事情。正是那日复一日的坚持让顾佳能力突出、八面玲珑，由内而外散发着迷人的魅力，长期自律成就了顾佳。自律本就是一种需要持之以恒的好习惯，既然是习惯那就是可以培养的。

小时候读书不用功，坐不住板凳，老师就罚我们抄书。一开始抄一页，后来抄两页，再后来抄三五页、十来页。有人说抄书没用，其实那是没抄到位。抄书的好处不在于你抄了什么，记住了多少，而在于你能安安静静地坐上一两个小时。

从坐不住到坐得住，习惯就养成了。坐得住板凳不就是一种自律吗？

万事开头难，但世间万事都是触类旁通的。有久坐读书的耐力，你就有节食自制的耐力，就有跑步健身的耐力，就有早睡早起的耐力，渐渐地就有了美丽一生的能力。

自律也只是一种习惯而已，如果你还没有，那就去培养嘛。

高尔基说："哪怕对自己的一点小小的克制，也会使人变得强而有力。"是啊，人这一生分神的事儿太多，只有懂得克制与坚持，才能沿着初心一直走下去。

一个人如果能始终保持初心，做自己想做的事，过自己理想的生活，那他的人生不就是最美好的了吗？

女人的美从来就不是身材和容貌，美是内在的坚定与自律！

人生苦短，别懂得太晚

　　有人说，我们每个人肩上都扛着两个包袱：一个是昨天的烦恼，另一个是明天的煎熬。

　　在这个压力重重的世界里，烦恼似乎越来越多，快乐却越来越少。

　　事实上，没有人要求我们一定要负重前行，我们更需要的，是放下这两个沉重的包袱，让自己重新面对生活，满怀期待。

*

　　世人常说："人生不如意事，十常八九。"这世间，没有人不辛苦，只是有人不喊疼。

　　真正的成熟，就是学会举重若轻，试着将所有的苦楚淡忘，用一种乐观的心态去迎接下一段人生。

　　之前在网上有一对很火的夫妻，他们被关注是因为很"魔性"的舞蹈。

没有璀璨的灯光和华丽的舞台，他们的舞台就是自家老旧的房屋前，甚至是在田埂上。也正是因为流畅的舞姿和背景环境的反差，让这对夫妻不仅"火了"，还上了官方新闻，成了励志的代表人物。

有不少人惊叹于夫妻俩的舞姿，也对夫妻俩一边劳作，一边追求快乐的生活羡慕不已。

这对夫妻来自温州瑞安，妻子名为彭小英，丈夫名为范得多。

早些年，范得多因为一场车祸落下了严重的心理后遗症，眼睛长时间直愣愣地盯着一个地方，一刻看不到老婆就紧张不安、抽搐发抖，用他的话来说："我睡不着觉，脑子就像要爆炸似的。一张床，最好就是几个人睡在一起，自己能夹在中间睡最好。"

一次闲逛广场时，彭小英看到一个30多岁的女人在跳一种奇怪又很帅气的舞蹈，这让她产生了浓厚的兴趣，于是她也跟着跳了起来。后来才知道是鬼步舞。

那段时间又要忙生意，又要照顾丈夫和孩子，所有压力都要彭小英一个人扛，她觉得每一天都在透支。为了能够让身体好起来，也为了能够真正地快乐起来，两人都加入了鬼步舞的队伍。

这一跳，就是好几年。

是跳舞改变了夫妻俩的命运，也让无数人深受感动，他们终于明白：人生的意义绝不只是为了做生意、赚钱，更是为了精神上的富足和身体上的平安。换句话说，金钱只是财富的一种表现形式，而不是财富本身，相比金钱，夫妻俩拥有了更有价值的东西。

人生的"光鲜"从来都不止一个定义，不一定非得来自物质，它也许来自超脱苦境的精神状态，来自向往美好的不倦追求，正如王尔德所说："我们都生活在阴沟里，但仍有人仰望星空。"

人生实苦，但总有人能从中找到甜。人生短暂，不如让自己更快乐一些。

*

没有人否定坚持是一种信念，但很少有人明白，执念是一种痛苦，而放下是一剂良药。放下不必要的顾虑，抛开无所谓的眼光，才能抵达心之所向。

在接受采访时，彭小英的一段话特别打动人心："人家都说我很年轻，我听了特别高兴。为什么？我喜欢跳舞，我开心，我快乐！能蹦的就赶紧蹦，能干的就赶紧干，能吃的就去吃！"

既然有了胸中的那团火，我们就要行动起来，让它永不泯灭。

当初夫妻俩成亲不久就离开了老家，去外地打工，一门心思攒钱想做点儿小生意。七八年后，终于攒够了开一家店的积蓄，不料范得多意外发生了车祸并落下了心理后遗症。尽管如此，夫妻俩3个月后还是去了山东，准备跟朋友做服装生意。

多年奔波，都是为了更好的明天，面对丈夫糟糕的病情，彭小英最终还是向生活妥协，为了帮助丈夫早日痊愈，夫妻俩加入鬼步舞的队伍，并且决定重归田园。

从决定跳舞的那一刻开始，他们就已经放下了所有的顾虑。夫妻俩早晚都跳，下地干活间隙跳，在人多的地方跳，还在手机上搜索跳法自学。

这种积极、平和的心态让他们的故事感动了许多人，也让许多人鼓起勇气去追求自己想要的生活。

跳"鬼步舞"的夫妻大火之后，许多商家和经纪公司纷至沓来。

让所有人都非常意外的是，夫妻俩在收到加入"直播带货"的邀请，甚至有经纪公司伸出橄榄枝，不惜重金想要把他们包装为网络艺人时，都被他们一一拒绝了。

要是换作一心想出名的人，再多的合约都有可能签了。可见夫妻俩是真的放下了，才能把普通得不能再普通的日子，过得欣然、知足。

普通人的浪漫，是岁月历练下的坦然。对于他们来说，更愿意有人看到他们的视频而获得人生的方向，并向往更加美好的生活。

古人云："广厦千间，夜眠仅需六尺；家财万贯，日食不过三餐。"

的确，想要的那么多，走时又能带走多少？一个人活着本就不容易，何必让得与失的执念困扰于心？一念放下，万般皆自在。

*

朋友圈曾流传着这样一句话："人这一生，必须要有一样不为此谋生的工作。"

在这个喧嚣纷扰的世界背后，隐藏着无数个小世界。这个富有诗意的"小世界"，就是我们所说的精神世界。

那么或许有人会质疑，"小世界"真的有那么重要？

要知道，拥有自己的精神世界，表面上可以缓解压力、获得快乐，而更深层次的意义在于：让灵魂更加挺拔，更好地依靠自己。

它是平淡生活中的一抹亮色，是为了让我们更加深情地活着。

美国一位心理学家说过："当你全身心地投入一件你所热爱的事情中时，往往会自动抗拒干扰，同时内心会产生高度的兴奋及充实感。"这位心理学家把这种现象定义为"心流"。这世间没有什么比坚持热爱的事情更开心的了。不难看出，能够让这对夫妻产生心流的事情，就是跳舞。

这些舞姿，大多来自他们自己的编排。有学奶奶梳头的，有挑扁担下田的，有学鸭子走路的……可以说，曾经的种种阅历都成了如今美妙的舞姿。他们对跳舞的热爱，也深深地感染着每一个人。

许多人渐渐习惯了忙碌，却丢掉了最初的梦想。一个人穷其一生，如果连一个自己感兴趣的事物都没有，那该是一种怎样的悲哀？

所有不曾起舞的日子，都是对生活的辜负，把时间花费在美好的事物上，是对灵魂的重新塑造。

心理学研究表明，无论在哪一方面不断获得成就感，自尊、自信的水平都将稳步提升。换句话说，我们不一定要终生美丽，但一定要充满热情。

人生这个舞台本来就是属于你的，千万不能拱手相让。当我们把聚光灯都打在别人身上的时候，别人光芒万丈，我们却因此暗淡了下来。

不管是看一本书、跳一段舞、唱一首歌，还是旅行一次，都能潜移默化地影响你未来的模样。愿我们都能拥有自己的小世界，成就自己，也温暖他人。

当人生遇见梦想，折腾就有了希望

文/柴柴

在公司工作6年多，一起共事时间最长的一位同事前段时间对我说："我把生活过成了自己当初最讨厌的样子。工作几年，不仅没有得到晋升提拔，没有调档加薪，更没有锦衣玉食，反而要看别人的脸色过日子。"

想到刚认识她的时候，她刚刚毕业，双职工家庭里的独生女，通过亲戚介绍获得了一份工作的机会。

其实她并不喜欢这份工作，内心甚至充满了怀疑和不满。所以对待工作漫不经心，就连领导安排的工作都没有去用心完成。还因此经常遭到领导的批评，当时的她不以为意，被骂成为家常便饭。

专业方面，她从来只是依葫芦画瓢，根本不问清楚业务背景之间的相互关联，更谈不上自己主动思考、独立处理和解决问题。

一年又一年，领导换了一届又一届，身边的同事不是升职就是加薪，而她还是当初来公司时的模样。

新的领导上任，一通"大换血"，没有实力、没有专业、没有背景的她，只有被边缘化，无法融入团队，无法获得新领导的青睐。

所以才出现了开头的那一幕，而她的一席话，也让我感觉后背发凉——警醒而又直击人心。

试想，一个没有梦想、不想行动、害怕折腾的人，她的人生会是什么样子？这位同事的人生是不是这类人的真实写照？值得我们深入思考，探究现状背后的原因。

其实，我们现在生活的样子，都是过去的一种积累。你积累下梦想，现在会收获希望；你积累下努力，现在会收获成绩；你积累下善意，现在会收获爱心；你积累下宽容，现在会收获理解……

人生就是"今天"的不断积累，就是"现在"这一刻不断地延续。

想要未来活成自己想要的样子，那么就从今天开始，重新种下希望的种子，用行动来浇灌，终将获得新生。

*

另一位同事小娟，技校机械专业毕业。虽然起点不高，但她小小年纪就立下了扎根大城市的梦想。

学习上，她不甘于现状，毕业后自己边工作边存钱，利用业余时间学习，参加成人高考，顺利完成会计专业本科学业。本科毕业后继续自学，一路凯歌，高分拿下初级会计师、中级会计师。

工作方面，刚毕业时她干过销售，练就了不错的社交能力，积累了各方面的资源；当过讲师，口才和演讲水平扎实。更重要的是，在所有工作中她都敬事而信、敢于负责、乐于接受挑战。

家庭理财方面，有规划有目标，勤劳节俭、存钱买房……

同时，她很早就开始规划理财，自己研究保险和理财知识，成为身边人眼中的理财专家、保险顾问。首先，她将收入划分为几个模块，早早地为家人配置商业保险，提升家庭的抗风险能力；在资产配置上，固定资产和流动资产相结合，做好风险与收益的平衡，找到适合自己的投资产品，持续定投。

在教育孩子方面，她也是提前规划，一方面让孩子养成好习惯，提高成绩；另一方面，早早地规划好孩子的学业，让孩子的求学之路少走弯路。

她经常说："人生在于折腾。越折腾，越有更多可能。如果我当时从技校毕业后到工厂工作，安于现状，没有梦想，不屑折腾，也许我的人生就是另一番模样。"

现在的她仍然不忘自学和精进，对自己、家庭设立了新的目标和方向，活成了周围人眼中的一道光。

人生要不断地尝试，人生不停，折腾不止；多尝试，多折腾，积累新的经验，无论成功与否，都是成长的真正开始。

越安于现状，越不去折腾，越不可能拥有想要的人生。

有句话说，人生唯一的失败是不参与。有调查显示，当人生即将终结时，很多人都会因为人生没有竭尽全力折腾而叹惜，而后悔。

人生不能重来，所以应把握现在，把握当下的每一秒持续努力，相信积累的力量。

*

上周跟一位财税界朋友联系，她从公司出来自己创业，跟人合伙开了一间事务所。

一年时间过去，公司从开始只有几位合伙人单打独斗，发展到现在多家公司矩阵，各种业务团队搭建健全，专家人才齐聚，业务做得有声有色，规模不断扩大。

记得去年当地举办财税人员线下交流会，她是主讲嘉宾之一。

当时的演讲场景我仍然历历在目，她不仅细细解读政策，还有案例实操讲解。现场的她优雅自信，张弛有度，言谈自如。会后讨论热烈，掌声不断，圈粉无数。

早几年，她就跟我说过她的理想，是成立一家管理咨询公司，为中小企业提供财税咨询服务，做企业可持续发展的护航者。

所以，她一边结婚生子，一边学习考证。下班回家吃饭后，从来不刷剧，不躺平，而是经常学习到深夜。

时光不会辜负有梦想又努力的人。她花了3年多时间考下税务师、注册会计师，终于拥有了执业资格，拿到了签字权。

后来她顺理成章地成为事务所合伙人，之前工作积累的资源也一一为她助力，成为事业成功的"贵人"。

在她身上，我看到了梦想的力量。激情点燃梦想，梦想照亮人生。

有梦想的人一路上不断想象，描绘梦想；不断学习，提升认知；不断行动，努力践行。

认知和思维是画笔，人生是一张巨大的画布；梦想是画笔的颜色，有了它，我们人生的画布才会绚烂夺目。

人生在于折腾。同事喜欢折腾，所以她才能成功；朋友喜欢折腾，于是有了自己的公司和事业……

真正折腾过的人生好过一生平淡、无所作为。

然而人生是一个动态的过程，不能只追求结果，而不要中间的过程。

拥有梦想、愿意折腾的人会将梦想付诸行动，充满凶猛的行动力，在实现梦想的道路上披荆斩棘，迎来一路开挂的人生。

梦想已在心中发芽，折腾的火焰已在胸中燃起，加一把行动的柴火，人生高处，我们再相逢。

那些难过的事，终究会过去

文/雪忆柔

不知你是否听过一首歌，歌名叫《这世界那么多人》。其中一句歌词可以瞬间让很多人破防："身旁那么多人，可世界不声不响。"

我们每个人都是这平凡世界中独立存在的个体，无论你悲伤还是喜悦，若有人能与你感同身受，一定是因为在意。毕竟我们无法切身地感受到对方的疼痛和快感，我们能够感知到的，不过是我们体会到的对方的情绪罢了。

在大多数的时间里，每个人都在学着如何单打独斗，这才是生而为人的生活规则。

民国时期有位女画家，她自小模样生得普通，14岁时被财迷心窍的亲舅舅卖到了妓院。孤苦无依，前途未卜，她曾在每一个深夜无数次以为自己此生都要生活在深渊之中了。然而看到第二天初升的朝阳后，她又会打起精神继续与命运抗争。

一次偶然的机会，她结识了后来的丈夫潘赞化。对方理解、包容她，并教她学习知识。最终，那些以泪洗面的每一个深夜，那些令人崩溃的每一个瞬间，都成为过去式。拿起画笔的她自信迷人，她的过往经历在荣耀和盛名面前已经不值一提。

她叫潘玉良，由巩俐主演的电影《画魂》讲述的正是潘玉良的传奇一生。

从烟花巷到油画廊，很少有人能经历这样的人生。她曾卑微到尘埃，但从不放弃骨子里的骄傲，哪怕与全世界对抗。她允许自己在夜深人静时独自落泪，却必须在面对世人时保持头颅高昂。

很多时候，我们常常会感到孤独，甚至会觉得全世界没有人能够理解自己，就像在法国孤独求学的潘玉良一样。

越是自怨自艾，越是沉浸在这种情绪中无法自拔，时间便越会在消耗中悄然溜走。待到醒悟时，曾经纠结的大事也变得微不足道了。可遗憾的是，我们所浪费的光阴，却再也无法追回。

或许有的人正在经历阵痛期，而后又会窝在自己的安全地带，度过漫长的"寒冬"。没有人规定，绝望时还要将悲伤调成静音。只是有的人会永无止境地将痛苦延期，更多的人则会在宣泄过后选择重新为生活披荆斩棘。

真的没关系，即便被全世界抛弃，只要你还没有放弃自己，一切就还来得及。

我们不要与世界为敌，更不要和自己过不去，因为生活总归是要继续的。

*

每个人都是只身来到这个世界上，最后又是孑然一身地离开。我们本就是独立的，只是因为有了家人、朋友、爱人的陪伴，才有了驱逐冷漠、孤独和疼痛的力量。

其实，哪怕只有一个人，也并不孤独。山河、明月，流水、栈桥，哪怕路灯和巷口，只要你愿意，它们都可以成为你的"树洞"，成为我们最严守秘密的伙伴。

有的人沉浸孤独，有的人享受相拥。你不知道那些总是一个人的朋友，是经过多少个与自己拉扯的深夜，才习惯了与寂寞为伴。也不知道那些前呼后拥的人，会在多少个灯红酒绿的散场后，慢慢地煎熬着等待黎明。

谁不是一边擦干眼泪，一边与生活做无数次的较量呢?

一部爆火的电视剧《三十而已》，将三位不同女性的人生摊开给世人看。单纯的钟晓芹、上进的王漫妮、全能的顾佳，每一个人都曾是不起眼的小人物，经历过人生低谷。比如顾佳，看起来十全十美的她竟然遭遇了婚姻的背叛，背负了巨额的债务。她曾经鲜少洗手做羹汤，最终却不得不为了生计而背起行囊。她没有埋怨丈夫的背叛，而是选择在离婚后扛起重担，为儿子撑起一片不塌的天空。

渡人何曾不是渡己!

大多数情况下，我们根本来不及哭泣。唯有时间，永远是缓解伤痛、淡忘忧愁的不二良药。人世间所有的迷惘，都可交由时间来慢慢解答。

无论你曾经历过或者正在经历多么悲伤的事情，它终究会被时间吞噬。要学会释怀，更要懂得与自我和解，余生不长，不要念念不忘。

就像顾佳，经历重重打击又有什么关系，只要足够勇敢，生活依然可以重新扬帆。

有人说，悲伤的情绪可以传染，就如同大笑也能相互感染一样。你若凝视深渊，也会被深渊所注视；你若抬头仰望星空，终会看到满天的星光。

*

她曾在春晚的舞台跳舞，她本该在北京奥运会的现场翩然起舞。然而在一次彩排中，她因意外摔断了双腿。在很长一段时间里，她的世界坠入一片黑暗。

她叫刘岩，是一名舞者。曾经她用双脚丈量舞台的距离，如今她坐在轮椅上实现着梦想。没有人能体会到她痛失双腿时的绝望，她无法在现实世界站立，但是她终究战胜了心魔，屹立在了舞蹈天堂。

从瘫痪到"站立"，她无畏世俗的眼光，活出了最迷人的模样。

章子怡在《一代宗师》中说："人生若无悔，那该多无趣啊！"

大多数完美只是假象，不完美才是真实的人生。

或许你刚刚痛失所爱，或许你的事业刚遭到重创，所有的万箭穿心都不过是一场洗礼，它是披在你身上的荣光。

去唱吧，去跳吧，至少我们有说走就走的能力，或许你缺少的只是战胜困难的勇气。

看书，健身，插花，远行，它们会为一个女孩积攒所有的阅历和底气。

想做的事，请不要迟疑，来日并不方长。如果你不够美丽，那就成为爱笑的人，它会让你保持善良，成为一道和悦的光芒。

别畏缩，别泄气，正是你经历的一切成就了今天的自己，是它们构成了你生命的底色。所以为何要哭泣呢？毕竟那些难过的事，终究会过去！

我还是想过滚烫的人生

文/林希言

很喜欢北野武的一句话，他说："虽然辛苦，我还是会选择那种滚烫的人生。"

女人这一生，无非两种活法：一种是如同死水一般，毫无波澜；另一种是像沸水那样，酣畅淋漓。

选择了前者，看似稳妥，实则步步惊心。而选择后者，虽然辛苦，却充满了成就感。

*

她是妻子、妈妈，同时也是一名奥运冠军。2015年，西班牙国际挑战赛，她以1小时24分38秒一举打破了竞走世界纪录；2016年里约奥运会，她再次夺冠，实现了运动员生涯中的大满贯；2021年，她在东京奥运会上，成为中国队唯一一枚竞走奖牌的获得者。

她就是"竞走女皇"刘虹，用自己的亲身经历，诠释了努力的意义。

在很多人看来，运动员是吃青春饭的职业。年龄一大，体能跟不上，就不得不退役。年近30岁时，很多女运动员选择了结婚生子。很多人也劝刘虹，别再继续了，早点儿生个孩子。刘虹对这些劝告置若罔闻，直到在里约奥运会夺冠后，才退役生下女儿熙熙。

她原以为自己再也回不到赛场了，直到带着女儿看了一场竞走比赛。

在人声鼎沸的现场，刘虹真正意识到，自己无时无刻不在怀念着那个赛场。做了母亲之后，难道就一定要放弃事业吗？刘虹的答案是否定的，她在生产仅6个月后，就毅然决定复出。

可复出不是易事，她当时体重56公斤，肌肉水平严重衰退，剖宫产导致的疼痛感尚未完全消退。

于是，她从瑜伽练起，一点点转向高强度的高原训练。有时候，她一整天加起来要练40公里，一周能达到195公里，一年要换十几到二十双鞋。

复出15个月之后，刘虹再次拿到金牌，用实力惊艳了世界。她不仅给女运动员做了一个榜样，还鼓励更多女性为梦想拼搏。

"奥林匹克之父"皮埃尔·德·顾拜旦曾说："人生最重要的不是凯旋，而是战斗。"生育不是分水岭，家庭不是绊脚石，孩子也不能阻挡梦想。一个女人，只有选择自己真正热爱的事业，活出自己的精彩，才会光芒万丈。

*

2021年11月7日，王亚平成为中国首位进行出舱活动的女航天员。她在以男性为主的航天领域，谱写了属于自己的辉煌。星辰征途的背后，是不为人知的辛酸。

王亚平3年没出过航天城，只为夯实训练基础。她也曾学习到晚上12点，一心补足专业短板，高等数学、天文学、解剖学等30多门课程，填满了她的课程表。

大学本科生一年的学习量，她需要在3个月之内掌握。那时的她，就像高三学生一样两点一线，背着双肩包穿梭在课堂和宿舍，没逛过一次街。为了适应太空环境，王亚平穿着重达120多公斤的舱外服，在水下模拟作业7个小时。

在这期间，她不能吃饭，也不能上厕所，甚至身体痒了也不能挠，只能忍着。由于体形清瘦，她每次训练完，吃饭的时候手都是抖的。

除此以外，王亚平还要做超重考核，在心跳加快、呼吸困难的情况下，保持快速思考、发送指令，过程的艰辛可想而知。

所幸功不唐捐，王亚平用自己的坚持，赢得了太空世界的"入场券"。

从她的身上，我们可以看出，女性之美不只明眸皓齿，亦有巾帼之风。

正如董卿所言："女性的眼睛，可以温柔地注视痛苦，也可以锐利地俯瞰繁华；女性的双手，可以烹饪出流转的美味，也可以指挥行进中的航船。女性可以在艺术中浸润出一分修养，也可以在科学中历练出一种风度。"

现代社会的女性，背负着太多压力，既要上得了厅堂，又要下得了厨房；既要混得了职场，又要去得了菜场。

千万不要相信"女孩子可以不努力"这样的话，你必须非常努力，才能看起来毫不费力。

*

在电影《指挥家》中，女孩布里克从小就展现出过人的音乐天赋。可因为家境贫寒，没有条件让她学习。做清洁工的养父捡回来一架旧钢琴，她从来都不敢真正弹奏。因为房子隔音效果太差，只要一弹邻居就开始投诉，她只能轻轻拍打琴弦。

长大后，布里克成为一名普通的音乐厅服务员。她的人生本可以就这样下去，安安稳稳地过一辈子。可布里克不甘于此，她有着不普通的梦想，想成为一名音乐指挥家。

在女性社会地位低下的20世纪20年代，这无异于天方夜谭。当时，只有男人才有资格当指挥家。

在一个音乐家的聚会上，布里克当着众人的面说出自己的梦想后，遭到了在场所有人的嘲笑。在整个音乐界，她也被人们认为是个"疯子"。

面对这些刺耳的声音，布里克没有停下自己的脚步。她在音乐厅里，坐在第一排仔细观察指挥家的每一个动作。被赶出去之后，她又跑到离音乐厅最近的厕所，聆听现场的表演，并把筷子当作指挥棒挥舞起来。

最终，布里克凭借对梦想的执着，成为历史上第一位女性指挥家，更建立了世界上第一支女子乐团。

英国作家弗吉尼亚·伍尔夫在《伍尔夫读书随笔》一书中说："一个女人一旦有了独立的人格，就不再浑浑噩噩、虚度年华，一生都会有一种适度的充实感和幸福感。"

"会当凌绝顶，一览众山小"的壮志，不该被性别所限制。我们不该因为挫折而放弃，也不该因为困难而退缩，进一寸就有一寸的欢喜。

有时候，你感觉人生之路难走，可能因为正在走上坡路。

沿途的汗水，终不会白流。

*

冰心说："世界上若没有女人，这世界至少要失去十分之五的真、十分之六的善、十分之七的美。"

希望越来越多的女性，都能活得闪闪发光，拥有滚烫自由的人生。

纵然生活不易，沿途尽是荆棘，好在进一寸有一寸的欢喜。

心怀炽热，又何惧人生荒凉。

不完美，依然很美

文 / 孙娇

生活中最动人的，往往不是谁拥有了最完美的人生，而是那些认真演绎自己人生的人。人生总有缺憾，任何的美好都不是生活的全部，唯有学会接纳，才会释然。

网上有一条非常火的新闻，讲述了无锡一个22岁视障女孩的故事。

她叫朱苓君，从呱呱坠地的那一刻起，朱苓君的生活就注定要"与众不同"。

她先天失明，看不到任何东西；4个月时的一次手术，帮助她恢复了一些光感和模糊残影，但行动和学习还是处处受限。

然而，这并没有让她感到不幸、自卑和痛苦。

在父母的精心照顾、陪伴和教导下，她热爱生活，兴趣广泛。她擅长唱歌、二胡、英语演讲、主持和游泳。在父母的影响下，从小她就积极参加志愿服务和社会实践活动。

就像我们在视频采访中看到的，她是一个乐观、开朗、积极上进的姑娘。在老师和同学眼里，她始终以最阳光的仪态出现在大家面前，以最昂扬向上的姿态走向前方。

从朱苓君身上，我们看到了身体的缺憾，但我们更看到了她的自信和坚定。

人生难免有缺憾，既然无法避免又不能弥补，不如正视缺憾，笑着释然拥抱所有。

正是朱苓君用自然的眼光、博大的胸怀和包容的心态去坦然面对缺憾，用欣赏的眼光去发现和感悟缺憾之美，生活才充满了阳光和色彩。

仔细想来，这世间万物，完美与缺憾本就同生共存，互相衬托。面对残缺和不完美的人生，朱苓君坦然去接受。她渴望完美，但也不拒绝遗憾。

人类与疾病同在，本就是不可避免的，不必为此大惊小怪。

人生总有缺憾，就算不完美，但仍要继续下去。

最好的人生是：真实胜过完美。

*

人是会思考的芦苇。每当我们的主观愿望和客观事实相背离的时候，梦想和现实之间的强烈反差，就会使我们产生缺憾的痛苦。

但正因为有缺憾，我们才会去改变，生活才会有追求，演变成人生的原动力。

就像朱苓君所说："我从不觉得，视力障碍是自己可以不作为的理由，我相信通过自己的努力，不仅能看到全世界，而且同样能做一些普通人都能做的事情。"

朱苓君到了入学年龄，由于家乡没有盲校，她的父母轮流放弃家乡的工作，辗转来到上海求职，使朱苓君得以在上海盲校读书。

朱苓君因为视力差，从小学、初中到高中，克服重重困难，付出数倍的努力，她不仅在盲校完成了自己的学业，还愈加独立而优秀。

在盲校学习期间，朱苓君担任了学生会宣传部长，主持广播电台和电视台工作，多次获得"三好学生"光荣称号。

她热爱运动、苦学勤练，多次获得无锡市残疾人游泳比赛蛙泳和仰泳金牌。

2014年，朱苓君跟随上海盲校合唱团第一次走进人民大会堂献唱。2018年7月，她以优异的成绩，被华东师范大学录取。

从盲校到普通学校，朱苓君的生活并非一帆风顺。离开了盲校精心设计的良好的无障碍环境，朱苓君遇到了许多实际的困难和挑战。

她时常找不到指定的教学楼和教室；找不到餐厅位置，无法正常打饭；看不到菜品种类……这些"小小"的麻烦，都成了她的生活障碍。

在学校等多方的温暖帮助下，她很快适应了新环境，练就了新本领。

学习上，大学没有专门的盲文教科书及资料。为此，老师和同学们将教材中的关键章节和重要知识点扫描成电子书，让朱苓君可以使用读屏软件反复聆听。

白天上课的大量录音、笔记，朱苓君当天都会整理出来，以尽快查缺补漏、避免遗忘。

而学习需要的各类读屏和辅助软件，她都利用空闲时间通宵达旦地学会。

别人付出一倍努力可以完成的，朱苓君可能要付出数倍，甚至十数倍的努力。

功夫不负有心人，这个勤奋而自强的女孩证明了自己。

2022年，即将毕业的朱苓君，成功保研至复旦大学，成为复旦大学首位盲人研究生。

人生在世，缺憾不可避免，但是很多时候，缺憾的背后往往隐藏着生命的契机。

这也是朱苓君让我们看到的，生命中虽有缺憾，但它可以成为追求梦想和希望的原动力，从而让生命格外精彩。

纵然每个人的命运千差万别，但这个世界的仁慈就在于：每个人都可以用自己的方式，尽情发挥自己的人生。

人生不如意事十之八九。遗憾，会让我们学会珍惜，在遗憾中领悟生命的真谛，再将生命升华。

＊

"原本以为我失去了光，无法看到一个完整的世界。然而，我越来越发现，自己本身就可以成为别人的光亮。"这是朱苓君在一次采访时对记者说的话。

自己淋过雨，也想为别人撑把伞。

她是社会工作专业理念的积极践行者，疫情后担任社区宣传和网上防疫志愿者，为困境家庭智障儿童提供学习辅导和心理疏导。

读大三时，朱苓君克服视力障碍，每次耗费两个半小时，步行两公里或转三趟公交车独立出行，获得了在复旦儿科医院和上海精卫中心医务社工部实习的机会。

疫情期间，她主动报名担任社区志愿者，并担任一名智力障碍儿童的"云学伴"，坚持21天的线上辅导和远程陪伴，用自己的微光照亮同行者的路。

从2021年9月起，她担任联合国儿童基金会"联合国残疾人权利公约绘本创作"志愿者，并作为特邀主持人参加12月3日在北京举行的"国际残障人日"庆祝活动。

对于未来，朱苓君告诉记者，自己有志于成为残健融合的倡导者、实践者。

她说："我想做跟视障人群有关的公益事业，让自己成为开往盲区的光亮，还想成为视障人群的'手杖'，让他们更好地融入社会、展现自我，让普通人更多地了解视障人群的生活和梦想。"

朱苓君正在不断努力、不断奋斗，同时，她也用自己的力量躬身实践，回馈社会。

她让我想到一句话，生活如果欺骗了你，给了你太多磨难，你就要让自己成为一个强者，打破命运的束缚。就算是太阳上都有黑点，人世间的事情就更不可能没有缺憾。把自己活成一道光，温暖自己，也照亮他人。

当你把自己活成一道光，世界会为你喝彩，人生也会因不完美而变得完美。

02

辑二

愿你特别凶猛，也特别温柔

除了你自己，
没人可以定义你想要的人生

文/七夏

从小到大，父母还有周围的亲戚朋友，经常灌输给我们的一个思想就是：女孩子嘛，找一份稳定的工作，嫁一个可靠的人，相夫教子，这一生就圆满了。

上大学起，就被要求选最稳定的专业，最好一毕业就能国家分配，开始朝九晚五、两点一线的安稳工作。

那些深埋在我们内心，无数个想要实现的梦想，离我们越来越遥远，忽的它们变成了一颗颗星星，永远挂在了遥不可及的天空。

可是这样顺顺利利的人生，只是少数人拥有的，大多数女孩都"天生反骨"，总是想靠自己的努力，闯出人生另一番天地。

"天生反骨"的人当然也包括我自己，所以在进入职场之后，我努力提升各方面的技能，想让自己在职场这个鱼龙混杂的环境中也能混得风生水起。

原本是想学习一些在职场中的"生存"技巧，翻找视频资料时，却被世界500强之一的格力企业董事长董明珠的"95后"秘书孟羽童给吸引住了目光。

她不是最专业的女生，却是最真实的女生；她不是经验最丰富的女生，却是最敢于展现自己的女生。

在一档综艺节目中，她和其他四个小伙伴一起参加格力公司的面试。

当时，公司给大家准备了贴有"10000""50000"这样数字的椅子，这代表着当你成功入选以后对薪资的期望，随后让面试者陆续进行挑选。

孟羽童选择了贴着最低数字的那把椅子，她说："我觉得这是最符合我的，因为我现在在实习的公司也是拿的这个薪水。"特别真实的回答，着实让人挑不出毛病。

王尔德说："做你自己，因为别人已经有人做了。"

很多时候，我们费尽心思努力表现出的那个自己，或许在别人眼中已经看到过千千万万次了，反而在撕开华丽的皮囊之后，暗藏着的最真实的灵魂，才会显得珍贵且独一无二。

做自己，意味着充满了勇气，看到自己的不足，也相信自己在其他地方会更加闪耀。人只有百分之百地勇敢，才会对任何一种命题都得心应手，心里没有犹豫的时刻。

勇敢是我们能拥有的最美好的品质。

*

孟羽童毕业于浙江大学西班牙语专业，作为一个跨专业来面试董事长秘书岗位的女孩，感觉她不像是会脱颖而出的那个人。

相反，我比较看好和她一起参与面试的另外几个人，至少别人都是专业对口，还有丰富的实习经验。

孟羽童第一次出场，扎着清爽利索的马尾，额头上还有些许未褪去的"青春"，面试谈话间，她给我的感觉就是懵懂小心，特别接地气，这像极了初入职场的我们。

说实话，我对她的自我介绍是没有那么多期待的。

让我眼前一亮的是她形容自己是个"鸳鸯火锅"，并且想要展示自己处在"红油锅"的那一面，她想要展示一下自己最近学的舞蹈。

当时我就觉得这姑娘的操作怎么这么令人迷惑，面试和跳舞有什么必然的联系吗？

当劲爆的音乐响起，她跟随着音乐开始舞动的时候，原本面试期间紧张的氛围一下子就轻松起来。

当时她整个人好像被光芒笼罩，她在舞蹈中大胆、狂热、自信至极。

一曲舞毕，董明珠带头鼓起了掌，确实令人惊艳，颠覆了所有人在面试之前对她的刻板印象。

除了精彩的舞蹈之外，她对这次的面试也做了充分的准备，她知道自己不是专业对口的那个，于是努力在其他方面弥补这个缺陷。比如对来面试的公司提前做了充分的了解，以及对待自己面试的岗位也有清晰的阐述、精准的梳理，并且对自己形容到位，展示到位，有着清晰的自我认知。

在没有人看好她的时候，她依旧能够让自己脱颖而出。

"乾坤未定，你我皆是黑马。"这句话，形容孟羽童再适合不过。

人在学习工作之余，一定要有自己的兴趣爱好，并且在自己擅长或者喜欢的爱好里多努力，建立成就感和自信，终会在某一天成为你锋芒毕露的武器。

每个人身上都会有不足，鼓起勇气接纳自己的不完美，这种勇气，足以让我们对抗外界的纷扰。

*

都说女孩子是一种感性动物，很多时候帮助我们做决定的都是自身的感觉，而较少诉诸理性。以至于我们很容易陷入负面情绪当中，而忘记我们本身应该关注的东西。

上班工作了一天，明明不是很忙，却感觉累得不行；做一件事情之前，反复预设，总是想着最坏的结果是什么，结果还没有开始，就已经决定放弃了。

特别在意别人眼中的自己是什么模样，如果没有做到，就会认为自己不被认可、喜欢。

最后，还没等别人给自己贴标签，就自己先给自己贴上了"失败者"的标签。

在孟羽童正式入职格力后，也曾因为没有筹备好一场活动独自流泪，也会因为输掉同组间的比赛难过很久。但她很快就整理好自己的情绪，重装待发，找出失败的原因，分析并优化，争取在下一次做得更好。

她不给自己下定义，也不想活在别人眼中，独立且清醒，她说："除了我自己，没人可以定义我想要的人生。"

每个时期，每个阶段，都给自己设定好目标，除了和目标相关的事情，其他事情一律过滤掉，聚焦当下，才不会陷入焦虑和情绪内耗当中。

生活需要我们做的是设置具体而可实现的目标，而我们要做的就是一步一个脚印地稳步向前。

吸引力定律里面提炼的一句话，让我觉得无比适用，现在也分享给你：相信美好，收获美好；相信希望，拥有希望。把握好现在，拥有轻松豁达的心情，才能够主宰未来。

忍到春暖花开，走到灯火通明

文/明媚

听过这样一句话："一个人的家庭就是她的宿命。"

生活中，有很多人或多或少地控诉过父母对自己人生的恶劣影响。我们不否认原生家庭对每个人都有着深远的影响，但原生家庭远不该成为所有不幸遭遇的借口。

一个强大而成熟的人，不会让原生家庭成为自己的束缚，她们会积极自救，抓住一切把自己拔出来的机会，努力成长，努力与原生家庭和解，成长为独一无二的自己。

《风雨哈佛路》中的美国女孩丽兹，出生在纽约贫民窟，父母双双吸毒，母亲更是精神失常，双目失明，根本没有能力养育她。

8岁时，丽兹就靠着乞讨度日，偶尔去上学的日子里，因为衣衫褴褛，满身酸臭，受尽嘲讽和冷眼。

丽兹15岁时，父亲进了收容所，母亲去世。此时的她发现依靠别人的怜悯与施舍，永远无法摆脱困境，只有读书才能改变自己的命运。

机缘巧合下，她从一位老师手中获得了一张考卷，为自己争取到了读书的机会，从此地铁站里、走廊里，到处都是她学习和睡觉的身影。

废寝忘食地学习，不顾一切地努力，让她用两年就学完了四年的课程，并以优异的成绩考入哈佛大学，还获得了《纽约时报》一等奖学金。

颁奖礼上有记者采访她："睡在地铁里，吃在垃圾旁，你为你的过去感到可怜吗？"

她笑着回答说："我为什么可怜，这就是我的生活。我甚至要感谢它，它让我在任何情况下都必须向前走，因为我没有退路，只能不停地向前走。"

从她的回答中，我们能深深地感受到，虽然原生家庭曾带给她巨大的创伤，但她从未抱怨，心中充满了感恩。

人生如潮，岁月如梭，每个人的生活都不可能一帆风顺，即便没有家庭的创伤，也一定会有逆境与坎坷。

与其抱怨、彷徨，不如学习丽兹勇往直前的精神，即使有贫穷的童年、艰难的生活，但她依然靠着自己的努力，通过了命运的考验，最终完成蜕变，拥有了属于自己的灿烂人生。

*

在网上看过这样一句话："哪有什么横空出世，那些光鲜亮丽的背后，往往深藏着数不清的汗水与泪水。"

通常，我们能从"台上一分钟，台下十年功"的道理中，了解到做成一件事的艰难。但我们不知道的是"人前光鲜"到"人后努力"之间，隔着的是不为人所知的"拼尽全力"。

2021年的夏天，"00后"女孩杨倩火了。

就读于清华大学的她，趁着放暑假去参加东京奥运会，不仅拿下了首金，还一鼓作气，又获得了一枚金牌，两枚金牌到手的她，获得了很多人的喝彩。

殊不知，看起来气定神闲、一举夺冠的背后，却是无数次艰辛训练的积累。

11岁时，其他小伙伴都在尽情享受童年欢乐时，小小年纪的杨倩，已进入体校，每天伴随她的只有艰苦的训练。

射击训练并不像我们看到的简单打枪环节，而是以练习分解动作为主。练习盯靶时，一站就是几个小时，腿脚站到发麻，手也因为反复拿枪而磨起了泡。

因为太苦，哭成了家常便饭，可她却从不偷懒，常常咬牙坚持，争取每天比其他队员练得久一点点。

就这样，进入体校不到两年的时间，杨倩就拿到了全国射击亚军的好成绩。

从此以后，她对自己的要求更加严格，如果训练时打得不够好，她就会偷偷加训，直到打好为止。

年轻的杨倩，熬过几千个深夜，经历了数不清的伤痛，方有今天的光芒四射。

古语有云："宝剑锋从磨砺出，梅花香自苦寒来。"

是啊，心怀梦想之人，用汗水和泪水雕琢未来；浑浑噩噩之人，庸庸碌碌一生而不自知。

想要成为优秀的人，就要学会承受常人难以忍受的艰辛和困苦。只有历经寻梦旅程中的千难万险，才能厚积薄发，取得不凡的成就。

每个心中有梦的女孩，只要坚定信念，就会风雨兼程，脚踏实地，勇往直前。

*

2019年，获得IEEE青年成就奖的黄芊芊，登上了微博热搜，走红网络。

IEEE青年成就奖，自2009年设立以来，全球仅3人获奖，黄芊芊是第四人。而这一年，她才30岁。

黄芊芊出生在一个普通的工薪家庭，高中那年，母亲下岗回家，懂事的芊芊为了不让父母担心，开始刻苦学习，在同学们的眼中她是长得漂亮、成绩又好的女学霸。

凭着优异的高考成绩，她考入了北大，大三开始跟随老师进课题组做科研。

都知道，科研之路艰苦，但她下定决心，扎根北大，再困难也咬牙前进。

她考取了北大的博士，几年来为了攻克科研难题，常常从早到晚待在实验室里，清晨四五点披着月光走进实验室，再出来时，又是星光满天了。

有人问她为何如此坚定和努力。

她的回答永远只有一句话："除了热爱与积累，别无他法。"

黄芊芊的成功，离不开她对科研的热爱，也离不开废寝忘食地挑灯夜战，更加离不开十年如一日的潜心研究与积累。

是啊，万事万物靠积累，这是最直白、朴素的道理。

里尔克也曾说："人生有何胜利可言，挺住便意味着一切。"

你看"放弃"二字，共15画，而"坚持"二字共16画，放弃与坚持之间，就一笔之差。

但一笔两向，一边是失败，一边是成功，结果如何，一切都源于你自己。

人生的路，只要肯积累，一定会走向优秀。而阳光也会向你而来，为你披上温暖的光。

愿你特别凶猛，也特别温柔

文/然雪婵

有人问："一个女孩最漂亮的活法是什么？"

底下高赞的回答是："女孩子要活得是自己并且干净，可以很凶猛，也可以很温柔。"

我深以为然。

凶猛，是有凶猛的行动力，成为"光"的勇气和敢于遗世独立的底气。

温柔，是能守住自己，爱美好的自己，也爱不被认可的那部分自己。

*

知乎上某公司的CEO分享了这样一个故事。

他们公司有个1996年出生的小姑娘，工作5年连续升职，深受上司的器重。

如今26岁的她，已经拥有了一个5人团队，收入待遇也远超同龄人，年纪轻轻的她已经在上海购买了一套小公寓。

每次在升职后收到同事们的恭喜时，她只是笑笑说："我就是运气好。"

但只有她自己知道，这份"好运"的背后有着怎样的辛酸。

刚入职时参加年会，她负责最基层的行政工作。由于她精通化妆，当时公司30多个女同事排队等她化妆。

化完妆后她已经累得腰酸背痛，却强撑着疲惫的身体仍活力满满地穿梭在会场协助调度。

而后她努力学习品牌策划，很多次加班到深夜。她说自己在跟时间赛跑。

一年后她因果决的执行力和良好的英语沟通力，被派去国外，辗转几个城市谈品牌合作，受了无数冷眼，吃了无数闭门羹。

但她没有放弃，在寒冷的街头蹲点，在深夜的酒店改策划，饿了就啃面包，困了就喝咖啡。

终于磕下了几个大大小小的品牌。而那段时间，她暴瘦了十几斤。

后来，她再次晋升，负责新国货制造这一板块，她亲自深入到全国的产业带，不畏乡下条件艰苦，和一线工人吃住在一起，将这个板块做到了华东区域第一。

哪有什么天生好运，不过是背后拼尽全力。

就像苏岑说的："女人就得多见世面。岁月会把你变成妇女，经历却会让你成为富女。我们必须很努力，才会成为自己喜欢的人。"

姑娘，你无须告诉每个人，那一个个艰难的日子是如何熬过来的。但总有一天你会向这个世界大声呐喊："我成功地走过了人生中灰暗的时光，并且已光芒万丈。"

*

现在的女孩，很早就被告知要做独立女性。

但什么才是真正的独立？

或许我们可以从2020年的大热电影《小妇人》里找到答案。

主人公乔是家里的二女儿，与其他姐妹不同，她在十几岁时就看透了婚姻中女性因为不工作、经济不独立而必须依附男性的事实。

她从小就喜欢写作，但她拿着手稿去出版社时，被编辑拒稿："小说里女人的结局要么嫁人，要么死掉。"

但她并没有妥协于当时社会赋予女性的身份地位，而是继续写作，不依附，靠双手养活自己和家人。

她一直用行动证明，即使在不被理解的时代，也有女性渴望在事业上做到独立自强。

当青梅竹马的劳里向她求婚时，她拒绝了："我太爱我的自由了，不会急于放弃它。"

她说："我想按自己喜欢的方式活在这个世界上。"

影片结尾，她实现了梦想，成为一名作家。

说到底，她心中最看重的东西，也是她一生最骄傲的成就——不是婚姻，而是手里的作品。

正是因为有作品能赚钱，她才有了关于"独立"的选择权，在婚姻和事业之间，有勇气和底气选择自己想要的，并且对自己的选择负责。

《奇葩说》中的李佳洁说："对于女孩来说，独立不是一件华丽的外套，它是长在你骨子里的硬气。"

当经济独立时，你才有资格说留在大城市拼搏好，还是回到小城市安逸好；当人格独立时，你才有资本有底气去选择自己喜欢的方式过一生。

真正的独立，就是做自己生命里绝对的大女主，拥有做出内心真正选择的勇气和底气。真正的独立，就是拼尽全力去成为那个没有人成为过的自己，并且为其埋单。

*

有这样一个"90后"的东北女孩，三本毕业，没背景，没人脉。

她抓住一切机会给电视栏目打电话，却频频被拒，在门外站5个小时等着推销自己，才终于争取到了一个实习的机会。

毕业后，她凭借自己的努力进了央视。

但10年前那个走遍世界的梦想一直在她心头挥之不去。

25岁，她几经挣扎，终于决定听从内心的声音，去看看这个世界。

她说，我不想做体面的普通人，不想让自己的人生一眼就看到终点。

28岁，她成为一名年入百万的旅行博主，飞行了735 366公里，足迹遍布世界五大洲，100多个城市。

她真的过上了自己年少时梦想的生活。

她的视频治愈了很多人，她身上的拼劲儿和不服输也激励了太多年轻人去追梦。

她就是我一直关注并且喜欢的视频博主房琪。

一年飞行400多个小时，30多万公里。白天拍摄，在飞机上、高铁上、车上完成剪辑。文案也是自己在每个深夜一个字一个字抠出来的，即便生着病也从未落下过。

很辛苦吧。

但她把这个叫作年轻人与这个世界平等对话的底气。

她就这样，在追光的过程中，慢慢地活成了一束光，照亮了很多人。

她用三个字总结了这几年的成长——靠自己。

"靠自己"让她拥有了独立的人格，缓解了焦虑，拥有了底气，也越来越爱现在的自己。

有位作家曾说："不论何种际遇，都要做自己喜欢的人。"

一个年轻女孩的余生，不是为了在一堆庸众里找存在感，而是毫无理由地去挖掘自己最大的潜力，做那个闪光的自己。

与其被照亮，不如去闪光。

闪着光的人，也要看见自己身上的光，才会被吸引。

而那束光，来自你不被动摇的坚持，不会盲从的笃定，以及在自己热爱的领域里不断深耕。

*

很喜欢《大鱼海棠》中的那句台词："这短短的一生，我们最终都会失去，你不妨大胆一些，爱一个人，攀一座山，追一个梦。"

姑娘，只要你清楚自己在追寻什么，能承接得起一切可能性，那就尽管按自己的意愿去生活。

愿你特别凶猛，也特别温柔，努力成为一个浑身散发光芒的人。

只有你不断强大，世界才能变得柔软。

姑娘，你的人生你说了算

文/苏莉

每个人的人生都不可能一帆风顺，它总会给我们设置一些障碍，考验我们的决心。

有时候，我们可能会畏缩不前，会害怕前方有不知名的危险。不要怕，勇敢改变那个弱小的自己，大步前行，没什么大不了的。

北大才女刘媛媛说："命运给你一个比别人低的起点，是想告诉你，用你的一生去奋斗出一个绝地反击的故事。"

这位曾经获得《超级演说家》冠军的才女，就是靠着自己的努力，从小山村开始一路逆袭，最终考上了北京大学。

她也曾经是一个差生，但她明白如果自己不努力改变，那就什么都得不到，自己会被束缚在那个小山村里。

于是在上了高中之后，她每天第一个早起，5点多就开始背英语，中午牺牲午饭时间背历史，晚上也不出去玩，持续学习。

她每天都会对自己说，自己有更重要的事情要做。

正是这日复一日的不断努力，她最终成为北京大学法律系的一名研究生，还出版了自己的畅销书《精准努力：刘媛媛的逆袭课》。

她身上充满了满满的正能量，告诉我们，只要我们愿意去改变，就能获得更好的人生。

人生之路上难免遇到艰辛与挫折，甚至还有很多伤痛，但这也正是我们取得成功的磨刀石。

只要你不放弃自己，就没有谁能放弃你。只要你愿意改变，那么属于你的彩虹，就一定会出现。或许在改变这条路上你很孤单，没有人为你喝彩鼓掌，甚至会遭到众多非议与阻拦，但那没什么大不了的。

每个人都可以通过努力，通过勇敢改变，最终破茧成蝶，成为自己想成为的样子。

让自己改变，任何时候都不晚。

*

那些认真为自己梦想而努力的人，拥有最动人的模样。

上天有时候并不会给我们想要的东西，但这并不是我们不配拥有，而是因为我们值得拥有更好的。

央视新闻曾经讲过一个"90后"独臂女孩的故事。她叫张超凡，是一个折翼天使，更是励志女神。

从她出生那一刻起，她的人生就注定充满了挑战。

她生下来就没有左臂，小时候，她就知道自己与别人不一样，还常常被镜子里的自己吓哭，自卑而又内向，没有任何朋友。

后来妈妈告诉她，上天之所以少给了她一只手臂，是因为她值得更好的。这番话在她心底深深地扎了根。

她开始努力克服障碍，拼命学习各种文化知识，像速滑、画画、骑马、打球、游泳、武术等，她一样都没有落下。

她参加的是正常孩子的速滑训练班，教练并没有对她特殊，而是与别的孩子一视同仁。

她不敢偷懒，也不愿放弃，拼命坚持早晚训练，年仅8岁的她最终拿到了吉林省大道速滑800米少儿组的第一名。

而现在的她，已经成为长春书山学府教育培训学校的校长，还出版了自己的作品。

从她的身上，我们看到了上天给她的缺憾，但更看到了她那种疯狂追梦的坚定毅力与执着。

没有人天生就是完美的，我们没必要一开始就对自己过于苛求。

虽然有时候我们会遇到很多糟糕的情况，但是不要紧，只要我们一直在努力，一直在进步，这就足够了。

再短的路途，如果我们不迈开脚步，都无法到达；而再长的路，如果我们愿意咬牙坚持，即使慢慢行走，也总会抵达终点。

愿你眼底有光，心中有梦，脚下有路，向着美好的方向行进。

疯狂追逐自己想要的梦想吧，你值得拥有更好的。

*

在人生前行的途中，我们常常会遇到一些不知所措的时刻，心中感到非常迷茫。

但前进的道路即使模糊不清，也绝不该是你放弃的借口。

不用慌张，你的人生你做主。

有这样一位特殊的"00后"女孩，因为她特殊的经历，被央视新闻采访报道。

她叫古慧晶，是深圳某个技术学校汽车运用与维修专业的学生。

丸子头、灰色工装、在车间拆卸轮胎和摆弄扳手……她的这些形象在网络上不断流传。

当初，年幼的古慧晶看了《速度与激情》与《变形金刚》这两部电影后，心情非常激动，从那个时候开始，她爱上了汽车。也是在那时，她下定了决心，要拥有自己的汽车，并且要自己改装，自己修理。

初中毕业的时候，她就决定走上汽车维修这条路，并且报考了职业学校的汽修专业。

父母一开始很不理解她，他们认为女孩子应该去学一些更加舒服的专业，但古慧晶一直在和他们沟通，最终赢得了他们的支持。

学习汽修专业既要脑力又要体力，所以一开始，古慧晶过得并不容易。

她坚持每天6点起床，晚上11点才休息，其间一直在锻炼自己的体能，拼命汲取各种相关的专业知识。

大部分的时间，她都是在实训室里练习，甚至晚上还会留下来加码训练。

这种坚韧的毅力，让她克服了各种困难。她也不停地告诉自己，自己是可以做到的。

最终，她取得了职业院校学生汽车机电维修赛第一名的优异成绩。而这个项目，以前从未有女生参加过。

小小的年纪，大大的能量，从她的身上，我们看到了人生拥有另外的可能性。这也告诉我们，人生拥有着无限可能。

这个世界很大很精彩，可能性很多，但复制别人的人生并不一定就适合我们。

我们要趁现在还有时间，努力去做自己最想做的事情，过自己最想过的生活，活出最恣意的自己。

我们不需要和别人去比较，我们是自己世界的王，更有权利活出自己的精彩人生。

无论如何，自己的人生，自己来做主。

愿你历经艰难困苦，归来仍可迎风起舞

文/婷然

万物萌动，春暖花开，一声清脆的鸟鸣划破清华园的宁静，不禁让"90后"郴州女孩江梦南热泪盈眶，因为那是26年来江梦南第一次听到鸟鸣、汽车鸣笛、开水沸腾……

这些曾只存在于文字和想象中的声音，是那么的清晰。"这是一种普通人很难感受到的奇妙体验。"江梦南在一次采访中说道。

1993年，半岁的江梦南被确诊为因服用耳毒性药物而导致重度神经性耳聋。

无法接受女儿逐渐远离主流社会的夫妻俩，摸索出一套读唇语的方法，他们让江梦南感受喉结发声的震动、嘴巴呼出的气流，来读懂从真实世界里发出的声波。

经过夫妻俩的坚持和努力，江梦南通过读唇语学会了"听"和"说"。凭借优秀的学习成绩成为家乡小镇上唯一考上重点大学并最终到清华大学念博士的学生。

如今，30岁的江梦南以异于常人的坚韧站在了"感动中国"的颁奖台上。

"这个奖有三分之二是颁给我父母的，我自己最多占三分之一。"说到自己的成就时，江梦南哽咽地说道，言语谦虚，内心强大。

面对已经发生的事情，她的父母没有相互埋怨，而是正确面对，勇于担当，不抛弃不放弃，积极地去想办法。

父母正确的决定可能影响的就是孩子一生的命运，无疑江梦南是幸运的。

心怀希望，就一定会有奇迹。

没有好的环境，没有先天好的身体，但江梦南心中有希望，有努力的意愿，还有跬步积千里的行动，这就是她全部的本钱。

人只要努力，总是会有回报的。也许我们始终都只是一个小人物，但这并不妨碍我们选择以什么样的方式活下去，这个世界永远比我们想象得要更精彩。

"感动中国"组委会给江梦南的颁奖词是：

你觉得，你和我们一样

我们觉得，是的，但你又那么不同寻常

从无声里突围，你心中有嘹亮的号角

新时代里，你有更坚定的方向

先飞的鸟，一定想飞得更远

迟开的你，也鲜花般怒放

*

曾经，一条"才貌双全的'90后'海归女孩做保姆"的新闻上了热搜。

她叫尼莫，有1年的留学经历，做过化妆师，会拉小提琴，弹钢琴，懂英语和日语。才29岁的她已有5年的家政经验。

她每天早上6点起床做早饭，孩子醒来后，她带着洗漱、吃早餐，然后开车送她去幼儿园；孩子上学时间，她就在家做家务或研究美食，下午到点去学校接孩子放学；晚饭后，带孩子读英文绘本、练钢琴。等到晚上八九点，是孩子和自己妈妈的亲子时光，她就可以下班休息了。

这是尼莫的工作日常，也是她的生活乐趣。

但尼莫的妈妈知道后，把她臭骂了一顿，微信留言"我心里不是滋味，想哭"后就拉黑了她。

妈妈觉得自己为女儿的成长花费了大量心血，女儿应该找一份体面的工作，而不是去做"丢脸"的保姆。

太多人不理解，网友甚至说她在"最好的年纪，打最烂的工"。

尼莫坦言：最初接触这份工作时，"保姆"这个称呼确实让她难过了好一阵，但她发现，无论是家庭教师还是保姆，都被雇主统称为"阿姨"，她慢慢地就释然了。

一个女孩，独自在大城市闯荡，这份勇气本身就值得赞赏。

尼莫也曾有两年化妆师的职业生涯，但昼夜颠倒，月薪3千元，付房租都勉强。

个中艰难，经历过的人都懂。

如今，她月薪1.5万元，凭借着自己的学历和经验，加上懂音乐和外语，成了不少雇主眼里的"香饽饽"，也凭实力赢得了雇主的尊重。

后来，在开明父亲和自己的努力下，尼莫的母亲也渐渐理解了她。

但仍有不怀好意的人，躲在键盘后继续羞辱这个努力的姑娘。

谁都会有失意的时候。如果可以，谁不想风风光光地把钱挣了？如果不是为了肩上的责任，谁愿意弯腰讨生活？

我弯腰也不代表我身份卑微，你风光也不能说明你高人一等。

成年人的体面，不是锦衣玉食，而是敢于放下面子负重前行。

即便姿态看起来不那么优雅，我们仍是生活的英雄。

*

"生命虽然没有奇迹，但我们会拖着残躯，活出奇迹的样子。"这是一位"90后"渐冻女孩说的话，她叫向晨曦。

出生于湖北恩施的向晨曦，8岁时被诊断为"进行性肌营养不良症"，肌肉会一点点麻痹萎缩。

中学时她几乎无法站立，不得不在高二时就辍学回家。

母亲辞去工作专门照顾她，父亲继续在工地干着体力活，原本不富裕的家庭因为昂贵的医疗费变得更加拮据。

病痛的折磨和生活的压力，让向晨曦一度感到非常绝望。但母亲和家人从来没有放弃过，一直鼓励她重新开始自己的人生。

于是，她开始尝试各种工作，当过淘宝客服、游戏代练，写小说，绣十字绣，希望能贴补家用，但往往是杯水车薪。

机缘巧合下，她受一位聋哑姑娘直播制作手办的启发，开始走上制作手办之路。

对于一个全身已经80%瘫痪的人，坐着超过1小时，对她来说都是奇迹，更别说用手去捏黏土制作手办了。幸运的是，她的手腕和手指是可以动的。

她付出了超于常人百倍的努力，忍着病痛，靠着一双灵活的手，用6年时间捏出了200多个手办，还创办了线上手工黏土学院，为残疾人提供免费视频教学。

不仅如此，她还将黏土学院水平较好的学员拉进接单群，让更多需要帮助的人，通过制作订单获得一定的收入。

随着她制作手办的水平越来越高，捏出的人物活灵活现，色彩搭配鲜亮可人，更多的人慕名而来，订单也越来越多。

渐渐地，她挣的钱可以负担起自己的医疗费用，也足够补贴家庭的生活开支，一切都越来越好。

"世界以痛吻我，我却报之以歌。"

上天给向晨曦关上了一扇门，但她亲手给自己打开了一扇窗。

*

生命精彩，人生有味。

即使身处泥泞，我们也要在泥泞中开出一朵花。在有限的人生里，满怀希望，靠近阳光，尽情绽放。

只要努力，每一寸光阴都不会被辜负，每一个平凡的生命都值得被祝福。愿你历经艰难困苦，归来时仍可迎风起舞。

先做英雄，后做美人

文/琪琪

罗曼·罗兰曾说："世界上只有一种英雄主义，就是看清生活真相之后依然热爱生活。"

每个女生心中都有一个英雄梦，要么找到心中的英雄，要么成为自己的英雄。

选择前者，看似安稳，实则把人生的主动权交给了别人；选择后者，尽管折腾，但命运的主动权就在自己的手里。

*

赛场外，她是高颜值女青年；赛场内，她是中国马拉松奥运达标独苗。

2017年，她被国家体育总局授予"运动健将"的称号。同年，在全国田径锦标赛上，她一举拿下女子5000米冠军。

2018年，24岁的她再次一鸣惊人，仅用2小时31分56秒完赛，取得了北京马拉松赛的亚军。

2020年，她在厦门国际半程马拉松赛中，再次刷新个人半程马拉松赛最好成绩，获得女子组冠军。

她就是"马拉松一姐"李芷萱，用自己的实际行动证明，她是靠实力吃饭，有颜又有才。

很多人看到的是运动员在领奖台上的光鲜，看不到的是她们背后的辛酸。每个人都在羡慕别人，却不知道别人也在以同样的方式羡慕着你。

趁着还有拼劲儿，走出去，闯出一番更广阔的天地。

李芷萱的人生就是这样拼出来的，她说冠军由我自己来定义。

她是内蒙古人，小时候因为身体不好，总是感冒，家里人于是让她练习跑步。

她在13岁的时候才开始进行长跑训练，也曾入选国家队，参加培训。

虽然她已经在跑步这件事上坚持了11年，但要坚持把一项运动作为终身职业，还是极不容易的。

她曾遭遇国家队解散，自己不知何去何从的局面：她被所在的运动员注册地开除，失去了很多参赛资格，以及一份稳定的收入。

尼采说："那些杀不死你的，终将使你变得更强大。"

尽管体制外的身份让她失去了很多，但在马拉松这条职业道路上，李芷萱却跑得很耀眼，频频夺冠。

真正的冠军，不是她能否成功，而是她能否克服重重困难，迈向成功。

追梦的路上，不仅会有鲜花和掌声，还会布满无数的荆棘和数不尽的质疑。

面对挑战，面对梦想，勇敢前行就是人生的答案。

*

2017年，韦晓慧正式成为中国首位海军女舰长。她在惊涛骇浪的大海上，交出了自己人生满意的答卷。

抉择来源于自身的能力，强大的背后是持之以恒的付出。

韦晓慧从每天坚持跑5公里升级到每天跑10公里，只为了达到部队的要求。

她曾整理了200多页的自荐资料，详细讲述自己过往取得的成就，对部队的向往以及对自我的剖析，逐一拨打高校文件上部队的联系方式，获得入伍的机会。

进入部队以后，她面对的挑战就更多了，不仅要和入伍的新兵竞争，还要提升自己的文化知识。那时的她，就像一个冲刺高考的学生，需要比别人付出数倍甚至数十倍的努力，迎头赶上。

为了能够适应舰艇环境，她要和年轻小伙子一起擦地，打扫卫生，检修设备。

初到舰艇期间，因为晕船，她停不下来地想呕吐，有几次都差点儿把胆汁吐出来了。即使这样，她也忍着，吐完接着工作，再吐再回来继续工作，就算吐到脸色蜡黄也无悔，直到适应为止。

韦晓慧每天都会在日志中写道："如果这是我生命的最后一天，我还是会和往常一样做事，这样即使离开了也不会有遗憾……"

当你变强，世界马上就会邀你同行。

一般人要成为一名海军舰长需要花15年以上的时间，她却只用了6年。

从她的身上，我们可以看出，就算梦想再远大，再难实现，我们也可以用行动坚定地朝目标走去，一步步去实现它。

坚定的信念和使命必达的决心，也是加速实现目标的助燃剂。

虽然我们不能选择来时的路，但我们可以用梦想和信念决定远方，那个远方就是心之所向。

*

在《香奈儿传》这本书中，女孩香奈儿从小就展现出了她的坚韧。

她的童年并不幸福，父亲是流浪汉，母亲又在她12岁那年去世，她和妹妹们被送到了孤儿院。

她只能透过孤儿院的天窗，企盼着父亲来接自己。

可是她最终没有等到，从此以后，她明白了只能靠自己来解救自己。

成年后，她同时做着裁缝、销售员两份工作，并且在音乐咖啡馆里兼职唱歌，努力赚取人生的第一桶金。

当她有了足够的资金积累后，凭着对时尚理念的天赋，又开启了自己的商业冒险之路。

在那个动荡的时代，活着就是一件幸运的事情，一个没有任何背景的女生除了要活着、活好，还要创造自己的一番天地，简直是难上加难。

坚韧是香奈儿的人生底色，没有什么能够难住她。

香奈儿的对手们经常在媒体上攻击她，说她已经过时了。

面对这些质疑和抨击，香奈儿选择不予理会，依然坚持自己的理念，坚持每天看书、做设计，从未停止过工作。

最终，香奈儿的时尚王国，经历两个世纪的风雨，仍然屹立不倒。香奈儿也成了传奇，她是时尚界永恒、经典的象征。

萧伯纳说："明智的人使自己适应世界，而不明智的人只会坚持让世界适应自己。"

一个人只要坚持不懈地追求，就终能达到目的。

人生的很多困境，其实都是困于自己的心。

外面的世界变化莫测，我们无法预测未来。

在这变化的世界中，我们唯一能够坚持的就是那些不变的东西。

你所坚持的终将会实现。

*

有一位作家说过，一个女人舒服了，世界才自在。

每一个女生都要做自己，活出绽放的生命状态。

去梦，去尝试，追逐伟大的目标。

去笑，去折腾，感受生命的灿烂。

去爱，去付出，缔造一生的精彩。

先做英雄，再做美人。

人生只有一次，愿我们都能活得酣畅淋漓。

只要足够坚持，终将收获美好

没有人会一直一帆风顺，也没有人会始终心想事成，如果半路上遇到了坎坷挫折，你是选择就此作罢、半途而废，还是咬牙坚持、静待花开？

扬·马特尔说过："无论生活以怎样的方式向你走来，你都必须接受它，并尽可能地享受它。"

生命的承受能力，远超我们自己的想象。

生命的美好，就藏在你自己的坚持里。

*

莎士比亚说过："千万人的失败，都失败在做事不彻底。"

丘吉尔也曾说过："成功的秘诀就在于坚持、坚持、再坚持。"

央视的《中国诗词大会》可谓家喻户晓，每一季的冠军都足够吸人眼球。

其中连续参加了四季比赛的北大工科女博士陈更，最是令人印象深刻。

陈更总喜欢以一身民国女学生的装扮出场，举手投足间，一颦一笑中，都会给人岁月静好的感觉，让人感受到中华古典文化的魅力所在。

其实，陈更在农村长大，家中条件也不好，但她自小就热爱读书，家中两个旧书架上的图书，就是她的精神家园。

不过陈更真正爱上古典诗词，却是在进入北大以后。

她不爱看综艺节目和电影，也很少外出旅行，几乎把课余时间都花在了阅读上。当她偶然从诗词中发现妙趣横生的人生智慧后，便开始搜罗与诗词相关的著作，书也越读越多。

在她的世界里，实现了文学与工科的完美融合。

她说："我爱我的机器人生涯，它是我理性现实的左岸；我也爱我诗情画意的诗词世界，它是我柔软感性的右岸。"

因为对诗词的热爱，陈更在屡次与冠军失之交臂的情况下，不折不挠，越挫越勇，不断提升自己的诗词修为。

2017年，陈更出版了自己的诗词赏析书《几生修得到梅花》。

最终，她在坚持参与下，迎来了自己的胜利时刻，成为《中国诗词大会》第四季比赛的总冠军。

有人说，热爱可抵岁月漫长。

无论你正在或曾经经历过什么，都请不要放弃你所热爱的事物。

因为唯有这份热爱，才有可能帮助你实现心中的梦想，抵达成功的彼岸。

*

有人说：找到方向，就找到了人生的出路。

每个人在人生旅途中都需要有一个明确的目标，这样才会有努力的方向。

1994年出生的朱婷，从一个地地道道的农村女孩，成长为中国女排国家队队长，过程艰辛自不必说。她的成功，离不开坚定的信念。

朱婷小时候，家境十分贫穷。13岁时，因身高超过同龄孩子，被家人送进体校练习排球。

很快，她就展现出在排球上的天赋，被老师发现后，转到当地一所更出名的体校。

朱婷转进新体校的第一年，正赶上2008年北京奥运会。她坐在电视机前，在心里播下了自己也要拿世界冠军的种子。就是这样笃定的信念，让她一路走来都无比坚强。

训练中的枯燥和痛苦自不必说。但朱婷在信念的支撑下一路披荆斩棘，用自己的努力去弥补接受专业训练晚的问题，取得了一个又一个好成绩。

她从体校进入国少队，再从国少队入选国青队，最终得到郎平教练的青睐，进入中国女排国家队。

在郎平教练的带领和引导下，她以坚韧的毅力不断超越自我，为国家争得了许多荣誉。

朱婷已成为世界女排三大主攻之一，成为大家心中的精神榜样。

梦想和信念是支撑我们不断前行的生命支柱，是照亮我们未来旅程的明亮灯塔。

有了梦想和信念，我们才能心无旁骛地笃定前行，我们才能沉下心来挖掘自身的潜力，我们才能战胜眼前的艰难险阻。

*

我们的生活从来不会一蹴而就，也不会永远安逸。命运有时候会不怀好意地和你开个玩笑，让你质疑人生。但只要你足够勇敢坚强，就没有人能阻挡你绽放光芒。

谢仁慈是来自贵州的"95后"苗族姑娘，毕业于西南政法大学民商法学院。

4岁时的一场车祸，彻底改变了谢仁慈的人生，她失去了右腿。在母亲的努力下，她得以跟正常孩子一样有学可上、有书可念。

谢仁慈深知，以她的状况，只有好好读书，考上好大学，才对得起妈妈的付出。可在离高考还有一年的时候，她的成绩只排在年级千名以外。母亲的一句"女儿，妈妈相信你"，让她重新铆足了劲头。

最后她冲进年级前20名，以627分的成绩考入西南政法大学。

自从安上假肢后，她就将自己视作正常人。但她会穿长裤着长裙，以做形体上的遮掩。

她内心并不快乐，终于有一天，她决定不再遮遮掩掩，勇敢面对自己的缺陷。她撕掉了假肢的包装，只留下里面的金属支撑，为自己拍了第一张站立的照片。从此，她不再惧怕他人的眼光，穿上了短裙、短裤。

她去旅行、游泳、攀岩，不断挑战自己，撕掉一个又一个别人认为"不可以"的标签，真正活成了自己喜欢的模样。

她把自己的故事写成了一本书——《我妈和她给我的四条命》。

谢仁慈希望用自己的力量，鼓励更多的残障人士，希望他们寻找到自己的精神世界，希望这个世界对他们更多一些平等。

她就像一个小太阳，即使经历风雨，也依然选择笑颜以对，闪耀着人性的光辉。

人这一生，最可贵的就是保有一颗坚强的心。只有学会把痛苦转化为馈赠，才能不断超越自己，在人生的旅途中绽放出属于自己的光芒。

我们的人生总会遭遇各种经历：愉悦的、失落的，欢乐的、痛苦的，幸福的、不幸的。无论你正经历着什么，都别忘了告诉自己，再坚持一下，因为只要有所坚持，未来的岁月就会充满无限可能；只要有所坚持，你的世界终将收获更多美好。

你做的每一个选择都在逆天改命

文/安亦可

生而为人，我们总会因世俗的标签而画地为牢。

因为你是女生，所以你该温柔、矜持。

因为你是女生，所以你该追求稳定，而不是闯荡世界。

因为你是女生，所以你该相夫教子，而不是成为职场的女强人。

看似头头是道的建议，却容易成为人生的枷锁，让自己寸步难行。

我们虽然是女生，但仍拥有选择自己人生的权利。

怎么过好这一生，只有你自己说了才算数。

我国第一位工科女教授陆士嘉，就是最好的典范。

陆士嘉出生于苏州知府衙门，后因祖父到山西担任巡抚，一家北迁。不久，在外留学的父亲归来并加入了同盟会。

一个是封建王朝的封疆大吏，一个是留洋的革命志士，立场的不同造成了悲剧的发生。

在她刚半岁时，祖父与父亲同时被人杀害。更不幸的是，有算命者曾言，她有克父之命。这使得她既丧失了父爱，同时也失去了母爱，从此过上了寄人篱下的日子。

当上天为你关上一扇门时，总会再为你打开一扇窗。

年幼的她努力学习，成绩名列前茅。初二那年，她因阅读《居里夫人传》而深受鼓舞，立志成为"中国的居里夫人"。

功夫不负有心人，18岁的陆士嘉顺利考入北平师范大学物理系，在学成之后，又到德国哥廷根大学深造。

其间，她听闻世界著名的空气动力学家普朗特教授在哥廷根大学执教，便毅然决然地决定去拜师学艺。

普朗特在得知她的来意后，果断拒绝。一是因为自己已经退休，二是因为不教东方人，三是因为她是女生。

这样的标签看似无法打破，却在陆士嘉的坚持下，最终获得了一次考试的机会。

一个月后，普朗特当场对陆士嘉出题考核，并当场决定收其为自己的关门弟子。

一次拼搏，换来了陆士嘉不一样的人生，她成为普朗特所有弟子中唯一的东方女弟子，更奠定了她之后的科学研究之路。

作为女生，你不需要像任何人，只需要做自己。关闭外界的声音，跳出标签的圈子。不顺从世俗，不迎合讨好。做一株深扎土地、独自绽放的木棉花，找到属于自己的美丽。

＊

　　汪国真曾说："我不去想是否能够成功，既然选择了远方，便只顾风雨兼程。"

　　在我们眼里，男生都有一个当兵梦，渴望扛着枪，保家卫国。巾帼不让须眉，有这样一位女大学生，从小受父亲的影响，也想要参军入伍。

　　她的名字叫宋玺。

　　大三时，宋玺有幸参加了学校和海军一起组织的实践活动。站在舰艇上的那一刻，更加坚定了她穿上军装的信念。

　　于是，当海军来征收义务兵的时候，她瞒着父母报了名，最终成功进入了海军陆战队女子两栖侦察队。

　　爬铁丝网、五公里越野、实弹射击、擒拿格斗，这是新兵的必备套餐。这对于瘦弱的宋玺来说，无疑是天大的挑战。

　　白天在训练场上竭尽全力，晚上在床上被伤痛折磨得难以入睡。即便如此，她也从未忘记自己的梦想：成为绽放在祖国最需要的地方的"霸王花"。

　　满身伤，那也是带着光芒的痕迹。

　　因为表现优异，2015年，宋玺被选拔进入中国海军第二十五批护航编队，成为编队里唯一一个女陆战队员。

　　在这次护航行动中，他们解救了19名被海盗袭击的商船上的船员。

当看到被救人员身上披着的五星红旗时，宋玺更是为成为一名中国海军战士而感到自豪。

2017年，服役两年的宋玺回到了北大校园，继续学业，开始了人生新阶段的探索。

在完成北大研究生学业后，宋玺坚定地选择了留校，成为一名专职辅导员。

这是当兵之梦的延续，即使不能在海上为各国的船只护航，也愿意成为学生的护航者，保护他们健康成长。

宋玺，一个弱女子，选择所爱，坚定地走下去。

在军营的洗礼中，终于长成了一朵"两栖霸王花"。

选择你想要的，追逐你热爱的。

终有一天，你会成为眼里有光、脚下生风的飒女孩。

*

人生的选择，就好像是一个大型俄罗斯套娃，做完这个选择，还有下个选择等着你。

即使这一次选错了模式，那也能在下一次的选择中逆风翻盘。

蜜芽创始人刘楠是北大新闻系研究生。这是多么好的学历条件呀！

有人给她建议，留校当个编辑、老师什么的多好。她拒绝了。

后来她又接收了一些入职通知：宝洁市场部管培生、新蛋管培生、百度公关部等。

因为好奇，她最终选择了世界上最大的化工公司——美国陶氏化学。

在参加工作之后，她才发现这个方向并不适合自己。恰好赶上经济危机，没有了升职加薪的机会，她整天坐在办公室写PPT。这样枯燥的生活更是加剧了她内心的恐慌。

于是，她辞职回家，开始了人生的新阶段——成为全职妈妈。

在看护孩子的过程中，她发现自己喜欢商品，喜欢真正好品质的东西和生活方式。

随后，她再一次突破自我，把喜欢的事情变成了自己的事业。

2014年，她创办了跨境垂直母婴特卖平台"蜜芽宝贝"，想要通过平台，给宝妈们提供一个放心、可靠、高品质的母婴用品购买渠道。

随着市场的变化，她又不断调整企业的发展策略。

从卖进口产品到发扬国货，从单卖产品的电商公司到全方位的亲子家庭消费平台，从线上到线上线下联动。

从北大学霸到跨国公司高管，再到亿万身家的"霸道女总裁"，在一路的跌跌撞撞中，刘楠终于在正确的领域实现了自己的人生价值。

2020年，刘楠被评为"中国最具影响力的30位商界女性"，让人生再上一个台阶。

莎士比亚曾说："明智的人决不坐下来为失败哀号，他们一定乐观地寻找办法来挽救。"

处在问题里，总会被问题的谜团所困惑。人生不到生命的终点，都没有输赢可言。即使你发现错了，也不要自怨自艾。勇敢地再做一次抉择，在困境中涅槃重生。

03

辑三

热爱可抵岁月漫长

只要努力，什么时候都不晚

文 / 孙娇

我们总喜欢把成功归结于"天才"二字，却不知成为天才需要付出无数的努力。

还记得2020年那个一毕业就被华为百万年薪聘请的美女学霸姚婷吗？

她的成长之路堪称教科书。

但是回顾姚婷的读书经历，可以发现她并不是一直优秀的。

*

姚婷出生在湖南益阳，很小的时候就和父母一起到长沙去生活了。

虽然父母没有很高的文化，但是对姚婷的学习却格外上心。为了给她一个更有保障的未来，制订了很多高强度的学习计划。

这样的高压训练，让姚婷有点儿透不过气来。上小学的她，还算是中规中矩。但是到了叛逆期，姚婷彻底变了样子。她讨厌父母的管教，讨厌没完没了的补习班，更讨厌父母用"别人家的孩子"来要求自己，于是她开始不学习，也不完成作业，成绩更是一落千丈。

这样的"特立独行"，让她成为别人眼中的"坏女孩"。

父母虽然希望她成才，但是更不愿意女儿就此叛逆而荒废下去。他们知道，姚婷之所以这样做，是因为压力太大，于是姚父决定反其道而行之。

一次，姚父看到姚婷的不及格成绩单之后，很平静地对她说："你现在不吃学习的苦，长大之后就要吃生活的苦。我们之所以这样去要求你，是希望你以后有自由选择的机会，而不是被人挑挑选选。那些补习班，你要是不喜欢，以后咱就不去了，毕竟自己的人生还是要自己负责。"

姚婷感到父亲对自己的失望，从那以后便有所转变。但是因为长时间的学业亏欠，她只能加倍努力。

尽管如此，中考时，她的成绩也只有两门课程为 A 级，其余四门课程全部都是 B 级，这样的成绩让她无缘进入重点高中。

她感到深深的后悔，甚至有一丝丝的恐慌。

人的一生没有白走的路，每一步都会留下脚印。今天不吃学习的苦，明天就要吃生活的苦。只有站在高处，才能看到远处的风景，不要抱怨学习的苦，那是你看世界的路。

*

父亲的那句"自己要对自己的人生负责"，让姚婷彻底醒悟了。

她主动和父亲沟通，表明了自己要好好学习的决心，希望父亲可以帮助自己。

最后，姚婷以择校生的身份进入长沙市周南中学。这是一所卧虎藏龙甚至天才都数不胜数的百年名校。

面对中考的失利，姚婷并没有气馁，反而激发了她的学习动力，更加刻苦努力地学习，她情不自禁地加入浓郁的学习氛围中。

为了自己的将来，更为了对自己的未来负责，她仿佛变成了一台学习机器，一刻没有停歇，每天最早到达教室，最后离开教室。

2011年，姚婷以优异的成绩考上了西北大学，并且选择了不是很热门的信息科技学院的物联网专业。

大学期间，姚婷变得更加勤奋，每天不是在图书馆，就是在去图书馆的路上。

大一时，她因为参加了各种英文演讲比赛和辩论赛，一时间成了校园风云人物。

到了大二，她直接加入院系老师的实验室，开始搭建自己的小团队，在多次比赛中都获得了不俗的成绩。各种等级考试，她也是手到擒来。

大三的时候，她将注意力放到本专业的学习上，天资聪颖的她很快又获了奖。

等到了大四，她的努力有了更直接的回馈，不仅获得了保研的资格，更破格去了武汉光电研究中心学习。

一个人的成功与她的努力是分不开的。

这一次，姚婷赢了，她完成了自己人生的逆袭，可以勇敢地为自己的将来负责。

看到姚婷的努力，我们就会发现，她值得。

不经一番寒彻骨，怎得梅花扑鼻香。

"一览众山小"的前提是无数次"会当凌绝顶"的勇气与坚持。

*

因为一毕业就能拿到天价年薪，姚婷一时间成了风云人物，大家眼中的她不仅长相靓丽，身材姣好，更是一个不折不扣的学霸。

曾经有人问她是不是因为天价年薪才加入华为的，姚婷只是轻轻地回了一句："这个工资并不能代表什么。"

她这样说并不是她不低调，而是因为早在公司实习的时候，公司高管就注意到了她，并且开出高于同岗位好几倍的工资想要留住她。

如果仅仅是因为钱，她大可不必这样折腾。

　　之所以选择华为，是因为进入华为之前，她和华为的工程师有过合作，接触中姚婷感到华为未来的发展方向和自己想要的未来异常吻合。不论是职业规划还是其他，让她觉得这个公司就是自己最理想的去处。

　　至于这"天价"的年薪，也只能算是"锦上添花"。

　　在一次接受采访时，姚婷表示，可以在自己熟悉和喜欢的领域做自己喜欢的事很幸福，未来还有很长的路要走，有很多东西要学，自己只是众多学子里面比较幸运的存在。

　　一番话说得谦虚有礼，让人很难不喜欢这个天才学霸。

　　姚婷用她近乎传奇的经历告诉我们，只要努力，什么时候都不晚。

　　很喜欢《真心英雄》里的一句歌词："把握生命里的每一分钟，全力以赴我们心中的梦，不经历风雨怎么见彩虹，没有人能随随便便成功。"

　　姚婷能从一个考试不及格少女变成一个天才少女，说明天才并非天生，机会只留给有准备的人。

　　努力的程度决定了人生的高度。无论处在人生的哪个发展阶段，都要有努力的勇气和劲头。哪怕每天进步一点点，最终也会聚沙成塔，实现从量变到质变的转换。

　　种一棵树最好的时间就是现在。只要肯努力，当下就是最好的时间。

坚持，只为心中那份执着

执着是一种了不得的韧劲，更是一种人生态度，是沉着，更是淡定的追求。

有梦想、有信念的人，即便面对坎坷，也会砥砺前行。

网上有一则被刷屏的报道：一个"95后"女孩，陪山里娃写下了1000多首诗。

这个女孩叫李柏霖，出生于1996年，任教于湖南省怀化市会同县粟裕希望小学。

这是一所地处偏远山区的乡镇学校，距离县城约6公里，学校很小，有些陈旧。由于会同县地处武陵山区，是劳务输出大县，学校里约一半学生是留守儿童。

然而，这位笑起来眉眼弯弯的李柏霖，却已经在这里工作5年了。

李柏霖的奶奶是下乡知青，是村里、镇里受人敬重的老师，这让李柏霖从小就萌生了成为一名老师的想法。

而让她这一想法更加坚定的是中考结束后的一天，她看到一个

8岁的孩子写的作文，上面写着："我长大以后，一定会陪着自己的孩子念书，不然孩子就会学不好。"读罢，李柏霖久久不能平静。

她感到一些孩子沉默叛逆的背后，是被忽视的情感需求和表达欲望。她仿佛看到了童年时那个因家庭困窘而内向自卑的自己，但她从没有对老师倾诉过。

可是老师们主动了解她，陪伴她，给了她力量。这种力量，让她愈加坚定要成为更多孩子的重要陪伴者，也促使李柏霖走上了讲台。

在接受长达6年的师范教育后，她如愿回到了家乡，成为乡镇小学的语文老师。

世界上最可怕的两个词，一个叫执着，一个叫认真。认真的人改变自己，执着的人改变命运。

陈柏霖就是一个认真且执着的姑娘，她在心中种下了一粒梦想的种子，并用行动践行初心。

前路浩浩荡荡，万事尽可期待。时光悠悠，一切皆有希望。

趁年轻，为自己的梦想执着一次，执着于理想，纯粹于当下。

*

什么样的语文教育，才能给孩子们一个更丰富美好的精神世界？这是李柏霖思考的第一件事。

很快，她的目光落在了诗歌上。诗歌，也许能成为孩子们情绪的出口、情感的寄托。

起初，许多人不理解。"教山里娃写诗，有什么用？""学写诗，能学成诗人吗？"

……

李柏霖只是笑一笑，默默坚持。

她说孩子们灵动的文字，给了她坚持的信心。这也让她成了孩子们诗意童年里的一位"引路人"。

什么是诗？"玫瑰不是诗，玫瑰的香气才是诗。"这是李柏霖最喜欢的答案。

她坚信，要让孩子们看见生活的诗意，先要让他们看见、听见、闻到、摸到这个世界。于是，在语文课堂上，她鼓励孩子们和蚂蚱玩，对小草说话，把秘密分享给微风……

诗歌是自由的，写诗的课堂自然也是。

起初，孩子们玩得开心，却不愿记录心境。李柏霖也不着急，她告诉孩子们，想到什么写什么；不想写的时候，把不想写的心情写下来也不错。

她会收藏孩子们写的诗，她说童真的表达都很珍贵，与平仄、修辞、对仗无关。

为了帮助孩子激发灵感，李柏霖经常在黑板上画下九宫格，让孩子们填入词语，选词造句。

多数时候，孩子们的诗并非一次成形，李柏霖也不催促、不修改，只是耐心地提问。就这样，在一问一答中，孩子们的表达逐渐清晰。

慢慢地，孩子们使用的词汇愈发新奇，想象也越来越天马行空。

文字是孩子们精神生活的投射，经过几个月的相处，李柏霖发现了让她感到揪心的事。

她发现孩子们没有感受到生活里更多的美好，写出的文字多是倾向于流水账式的、干瘪的语言。为了解决这个问题，她想了很多办法。

功夫不负有心人。她在一个教育组织群里看到了"是光诗歌"的诗歌课程的申请链接，并且发现"是光诗歌"的教育理念与自己不谋而合，她立即申请了诗歌课程。

就这样，她带的班级有了诗歌课。

坚持的路上不缺聪明人，缺的是对梦想的执着。

这一切的坚持不懈，对于李柏霖而言，缘于自己内心的那份执着。

她不是为了谁而这么做，不是为了追求多么高的成就而这么做。只因她内心爱教育，爱学生，爱教育这份热土，愿意在这片土地上播撒执着的种子。

有了执着，欢乐可以绽放成圆满的鲜花，梦想可以变成现实。

*

在这位年轻老师的心里，留守儿童写诗，就是敞开内心世界的门。这扇门曾紧紧关闭，又随着稚嫩的诗句一点点地被打开。

她明显感受到孩子们在体会情感、锤炼语句方面有了显著的进步。孩子们不再是通过文字来获得分数，而是通过文字来记录生活，表达自己。难过、开心、无聊、有趣……都记录在小本子上，孩子们也更加愿意敞开心扉。

列夫·托尔斯泰说："诗歌是一团火，在人的灵魂里燃烧。"

这团火，就这样在这所小且偏远的学校里燃烧，温暖和照亮大山里孩子的童年。

两年后，在李柏霖的带动下，许多孩子已能够写出"大概，冬天是梅花的心上人吧""棉花吐出了丰收"这样的句子，实在让人惊艳。

此外，3年间，李柏霖带领孩子们创作了1000多首诗作。

其中，部分诗作经她推荐在公益平台上发表。她还自掏腰包，为孩子们做了两本诗集。

诗歌不是解决所有童年问题的答案，却可以成为打开孩子心门的钥匙。

少年心中有了诗，童年就更有了光。

李柏霖说，诗歌于大山里的孩子们而言，就像一扇扇心门。叩开这些心门，你会看见他们多么爱这个世界，也会明白，怎样更好地去爱他们。

我涉水而来，只因沧海有岸，彼岸有花。

春寒料峭中，有李柏霖坚持的信念，有执着的追求。

当你执着的时候，连时间都要向你投降。

世界不会辜负每一分努力和坚持，时光也不会怠慢执着而勇敢的每一个人。

我想，人生的意义，大抵就是在这短暂的时光里，坚持自己的坚持，追寻自己的追寻，执着自己的执着。

愿你坚定又执着，对每件热爱的事物都全力以赴又满载而归，变成一个美好的人，去做美好的事。

热爱可抵岁月漫长

万蕊雪小时候就是个懂事的孩子。姥姥从小带她，很疼爱她，她跟姥姥的感情也很深。

有一次，姥姥因患糖尿病突然在家中晕倒，小蕊雪被吓得手足无措。这次意外让她当时就下了决心，将来要学医攻克这一疾病。

这个念头深深扎根在她心里，让她平时总是会在生活中留意这方面的信息。

初中以后，有了生物课，纷繁复杂的细胞反应一下子就激起了万蕊雪的学习兴趣。

别人觉得枯燥乏味的课程，她却兴趣浓厚，钻研得越来越深，她经常利用课外时间跑到书店、图书馆阅读生物方面的书籍。

她对生物学的渴望已超越了爱好，变成了她要终身追求的事业。

2009年高考结束后，万蕊雪并没有如愿进入梦寐以求的医学院，而是阴差阳错地考入了中山大学海洋科学专业。

　　既来之则安之，在学好专业课的同时，万蕊雪并没有放弃对医学的追求，利用闲暇大量阅读医学方面的书籍，为将来继续走医学方面的路打好基础。

　　在她内心深处，生物学一直像一面旗帜在为她指引着方向。

　　施一公，曾任清华大学副校长，是生物科学领域最负盛名的研究者，在国内和国际上都曾取得过不小的成就。

　　读大三时，万蕊雪鼓起勇气给施一公教授写了一封邮件，说了自己的科研梦想，希望能够到施一公教授的实验室去做中山大学的毕业论文研究。

　　一周过去了，万蕊雪的邮件如石沉大海，她有些沮丧，也没有了期待。

　　可突然有一天，万蕊雪接到了施一公教授的电话，他说："欢迎你到我们实验室来。"

　　万蕊雪激动不已，她离苦苦坚守的梦想越来越近了。

　　大学即将毕业时，她便报名参加清华大学医学院的博士生考试，并且顺利通过。2013年，万蕊雪进入清华大学，成了施一公的学生。

＊

　　清华大学研究所内，施一公教授的学生都是这个领域内的佼佼者。刚开始，万蕊雪的工作效率总是跟不上节奏，这让她陷入了自我怀疑中。

但万蕊雪的字典里从来就没有"放弃"这两个字，她柔弱的外表下有一颗坚韧的心。

她觉得与其自怨自艾、自我怀疑，不如找到办法。想来想去，只有一个办法：加倍努力。

在接下来的日子里，她几乎每天都泡在实验室，从黎明时分一直到满天星辰，她在实验室的时间达14个小时，每工作3个小时，只给自己5分钟的休息时间。

俗话说，功夫不负有心人。

艰辛的努力终于使她正式成了研究团队中的一员，能和师兄师姐们一起研究课题，她非常开心。

在清华大学的第二年，万蕊雪在施一公教授的指导下，开始对剪接体结构与分子机理进行研究，这是一个极具挑战的难题。

不少业内专家认为这是不可能攻克的课题，万蕊雪的研究，也确实在进行之初就找不到突破办法，这让她很着急。而且课题组长要出国深造，万蕊雪肩上的担子又加重了。

有时，压力也可以成为前进的动力。

她每天往返于实验室与图书馆，有时还会到30公里外的生命科学研究所请教，以弥补自己实验过程中的不足。

付出终有回报。经历过多次失败后，万蕊雪提取出了可用来提取剪接体的单细胞克隆酵母，取得了重大突破。

之后，她再接再厉，经过无数次探索，又取得了一系列科研成果。到2015年年底，她以第一作者的身份在《科学》上发表了5篇文章，揭示了生命大分子剪接体结构等科学问题。

博士还未毕业，万蕊雪就入选了全国只有5个名额的"未来女科学家计划"，成为清华大学耀眼的学术新星。

但万蕊雪知道，还有很长的路要走，她又投到了紧张的研究当中。

*

2018年，万蕊雪从清华大学博士毕业后，因为优异的成绩和表现，成为施一公团队的成员。在2019年，万蕊雪又入选了"福布斯中国30位30岁以下精英榜"。

作为中国生物学大咖施一公的得意门生，又是科技新星，万蕊雪的荣誉和称号越来越多："超级女神""学霸""青年女科学家"，等等。

《细胞》《科学》《自然》是世界生物领域三大顶级期刊，我国的科研人员一年合计也不过发表几十篇文章。但现在的施一公团队，仅万蕊雪一人，就发表了9篇，这是极高的学术成就。

所有这一切，让很多人羡慕不已，但鲜花和掌声对万蕊雪来说只是一瞬。她没有被外界干扰，反而更全身心地投到研究中去。

她认为，对科学的追求才是"有意义的事情"，随着研究项目的不断深入，也许未来某一天自己的研究能够成为改变人类命运的关键，尤其是在攻克医学上的疑难杂症方面。

这始终是她为之努力的初心和信念。

唯有耕耘让理想绽放，唯有热爱可抵岁月漫长。

万蕊雪在自己热爱的领域辛勤耕耘，成为一个闪闪发光的人，也为当代年轻人树立了榜样。

追梦的路上，你就是一道光

文 / 孙娇

徐丹，被网友们称为"方舱考研女孩"。

她是湖北中医药大学的一名大四学生，因感染了新冠肺炎，在武汉江夏方舱医院接受治疗，其间坚持学习备考的画面，让她家喻户晓。

在那个病毒肆虐的冬天，徐丹入住方舱之初，不免感到孤独、畏惧。但湖南援鄂医疗队员们的悉心照料，为她带来了希望与阳光。

她说在与医护人员的相处过程中，目睹了白衣执甲逆行出征的艰辛与不易，深感医护人员的付出与努力，自己被他们无私奉献的精神感动了。

作为中医药大学的毕业生，感觉自己终于找到了目标，徐丹下定决心，报考湖南中医药大学研究生，将来也当一名中医，成为和他们一样的人，希望自己的目标能够实现。

从那以后，她在与病魔对抗的过程中，每天坚持7点起床洗漱，八九点时等待医生查房、吃早饭，学习时间上网课、复习功课，徐丹的康复治疗生活过得平稳有序。

令她没有想到的是，自己会遇到求学梦想中的引路人。

在一次与护士的聊天中，徐丹说出了自己想考湖南中医药大学研究生的愿望，医护人员兴奋不已，热情地鼓励她。

令人惊喜的是，这时候恰巧毛以林和祁双林教授来巡诊，有护士突然想到这就是中医药大学的教授。于是，她就把徐丹的愿望跟两位教授说了起来。

得知徐丹的愿望之后，毛以林教授鼓励她说："欢迎你，祝你早日康复，要做好吃苦耐劳的准备。"还说只要徐丹能考上，一定第一个选择她作为自己的学生。

听到这话的徐丹激动不已，立即给毛以林和祁双林教授深深地鞠了一躬。这一场景被媒体拍摄下来，发布到网上，更一度刷屏网络，令公众深受鼓舞。

很多人说，在生活中能够遇到给自己指明方向的人真的太重要了，有的时候很有可能只是在一瞬间就会改变自己的目标和方向。

作为一名中医学子，遇到理想的引路人，无疑是一种幸运，而这段偶遇也成为徐丹备考期间最大的动力。

人生，总会有不期而遇的温暖和生生不息的希望。

纵然身处困境，但所有的惊喜和好运，都会让你追梦的路上充满阳光。

*

徐丹当初在方舱既是患者，也是好学的学生，不断向医疗队员请教，其间也时常向毛以林教授请教医学问题。

而当时因为医护人员全副武装，她并不知道自己请教的"老师"就是毛以林教授。直到看到防护服上的名字，才知道对方的真实身份。

其实，像徐丹这样的女孩，一定会变得越来越优秀。在生死大考验之际，她都能够静下心来看书，这并非谁都能做到的。

当然，在考研复习的过程中，徐丹的压力也是非常大的。她也担心万一没有考上，应该怎么办？毕竟考研的大学生那么多，能够上岸的却是极少数，并不容易，她也不想让关心自己的父母和老师失望。

可是，就是在如此的压力下，徐丹仍一直努力地学习，后来到湖北省中医院实习，依然是非常勤奋。如果用一个词语来形容她，"天道酬勤"一点儿都不为过。

复习中，尽管有很多需要识记的东西，而且很枯燥，但是她从来没有想过放弃。她曾经焦虑过，甚至曾经因为考研过程中遇到的烦恼和障碍悄悄地流过泪。

但面对一个个困难，徐丹最终坚持了下来，最终考研成功，进入了心仪的大学。

世界上最不缺的就是梦想家，"躺平者"未尝没有梦想。世上最不易的是追梦人，做自己人生路上的孤勇者，是需要很大勇气的。

就像一首歌中唱的，有梦想在路上，山再高也要眺望。

不问前路，不顾环境，只管在自己心中修篱种竹，这样的人生不会荒芜，会充满风景。

正因为心中有梦，才会不畏艰辛；始终保持初心，才会勇敢前行，找到照亮梦想的那束光。

*

徐丹通过自己的努力，终于实现了在方舱许下"一定要考上湖南中医大"的诺言。她以总分第六名的成绩，被湖南中医药大学录取。而为她治疗新冠肺炎的医生毛以林教授，也与其"有缘再相见"，成为她求学路上的恩师。

徐丹说在收到录取通知书的时候，自己的心情久久不能平复，这个时候才感觉松了一口气，也欣喜自己的诺言终于兑现了，她觉得一年的艰辛备考，终于没有辜负自己。

参加复试的时候，徐丹见到了毛教授，她再次向毛教授深深地鞠了一躬，并给他献上一面锦旗。她说在疫情防控的时候，见识到了中医药学的重要作用，能够遇到理想的引路人，感觉自己特别幸运。

此刻，回望过去一年的备考经历，徐丹觉得就像每天早晨的一杯黑咖啡，虽然很苦，但"提神又醒脑"，让她始终明晰，自己想成为什么样的人。

疫情让时空重新组合，每个人的命运轨迹也发生了变化，那些所谓的刚好，其实最终呈现出来的都是情理之中、意料之外。

每年数百万的考研大军中，每个人都有自己的考研故事，但这一个，实实在在打动了我们。偶遇与重逢，承诺与兑现，承恩与回报，那么多的不期而遇，徐丹就是见证奇迹的人。

命运不会辜负用力奔跑的人，有梦想的人总是值得被尊敬。

徐丹打动人之处，就是她对待梦想，始终那么认真、那么用力。

从某种意义上讲，这个年轻女孩从战胜病魔到成功圆梦，不只是幸运，最重要的是，在追梦的路上，她把自己变成了一道光。

只要足够努力，平凡的人也能发光

文/倪小七

很多人都为烟花的绚丽欢呼过，可是有几个人会去琢磨小小的火药是如何变成耀眼的焰火的。

我们总是习惯在别人成功时喝彩，却很少愿意去探究他们的付出。我们时常叹息学习辛苦、工作艰难、挣钱不易、人生难以达到巅峰，却很少反思自己做了什么。

美貌或许可以天生，但成功不可能天赐。如果你不够努力，即便老天爷想赏饭你也捧不住碗。

只要足够努力，再平凡的人也能发光。

*

知乎上有个女生发过这样的感叹：你在北京有无数条路通往五道口，我在毛坦厂却只有一条路走出大别山。

她口中的毛坦厂是一所坐落在大别山深处的高中。毛坦厂为什么是她走出大别山唯一的路？我们看一看她的作息时间表就全明白了。她早晨6点起床去教室，晚上11点30分下晚自习回寝室。排队打饭时坚持背书，来回寝室的路上还要在脑海中回顾一下知识点。

高中三年，1095天，她每分每秒都在咬牙拼搏，最终才有机会敲开大学的门，去开启人生新篇章。

也许有人会问：那所学校升学率100%吗？并不是。但是只要你握住了努力这把钥匙，你就可以打开任何你想打开的门。那扇门不一定是大学，但它比大学更完美，是你心之所向之门。

沈从文说得没错："征服自己的一切弱点，正是一个人伟大的起始。"出生在闭塞的大别山又有什么关系，只要你足够努力，就可以站上山巅看得更远。

"我告诉自己我能撑住，天赋决定我的上限，而努力决定了我的下限。"说这句话的钟脉艺大三时就主持了一项科研项目，2021年被保研清华大学。

钟脉艺非常普通，她身上唯一不普通的就是努力。除了睡觉、吃饭之外，她把所有时间都用在了学习上。每天从早晨8点到晚上11点半，从不懈怠，正是那股子拼劲让她将效率提升到了极致。

人生最幸福的事，不是含着金汤匙出生，而是通过努力让自己拥有金汤匙。所以不要因为出身而自卑，不要因为容貌而焦虑，我们唯一要考虑的事情就是自己够不够努力！

只要足够努力，再平凡的人也能发光；只要还有努力的机会，就别说放弃。

*

都说老天是公平的，我却不这么认为。老天似乎也有自己的偏爱，要不然为什么有的人生来美貌，有的人生来聪慧，有的人生来富贵，而有的人生来却一无所有呢？

可是老天赏的饭不够人吃一生一世，生得好的人，真的不一定就过得好。电视剧《欢乐颂》里的樊胜美就是一个活生生的例子。

樊胜美是典型的肤白貌美大长腿，又优雅又知性，可是她蹉跎到了30岁依然一事无成。因为她的人生信条是"干得好不如嫁得好"。

在工作上她始终得过且过，从未真正用心过，因而丝毫得不到晋升的机会。在感情上，她从未想过与知心人携手努力。她也想改变自己的命运，可是她的方法用错了。真正能改变一个女人命运的一定是努力，而不是嫁给有钱人。

饭要细嚼慢咽才好消化，路要脚踏实地去走才够稳当。不想努力却想富贵那不是白日做梦吗？不努力的人，唯一能做好的事就是将一手好牌打烂。

同样是女人，《都挺好》里的苏明玉就是个好榜样。

读书时，她就走上街头发传单寻求创业机会，进入公司后更是拼命。她曾喝掉一整瓶白酒，回家醉倒在浴缸里，就为了一个大单。她曾冒着生命危险爬医院的阳台，就为了找到老板，保住公司。如果不努力，爹不疼娘不爱的她人生怎么可能开挂？她的钱、事业和幸福都是拼出来的。

当然，这是影视作品，不是现实。我赞的只是苏明玉的精神，而不是她的方法。拼事业的前提是保护好自己，否则一切都是白搭。

都是女人，樊胜美向左，苏明玉向右；一个焦头烂额，一个又美又飒。这就是不努力与努力的区别，它们之间隔着一种活法。

当生活不如意时，你千万不要怨天尤人，请一定要及时反思。静下心去好好和自己谈谈，问问自己有没有努力过。

有人送你鲜花，但没有人送你成功。退一步说，即便有人将成功拱手相送，我也建议你果断拒绝。因为别人有能力送你，就有能力再拿走。

女人啊，一定要凭努力去争取自己想要的生活。记住，千万别心存侥幸，否则再好的条件也会被荒废，再好的机会你也抓不住。

*

曾经某视频平台上掀起了"泼水成冰"的热潮，一壶热水泼出去瞬间就成了冰花，所以你能想象得到北方的冬天有多冷了吧。

但有个失去双臂的女孩却从不畏惧严寒，从六七岁开始就光脚夹着笔学写字，即便在内蒙古最冷的时候她也一练就是一天。双脚冻烂了，她也一声不吭。

这一练就是十多年，她用双脚敲开了一所大专院校的门，敲开了工作单位的门。但是她并没有止步于此，她又积极参加专升本考试，考上了本科。她就是电影《隐形的翅膀》的原型之一李智华。

越努力就会越幸运，李智华的经历很好地说明了这个道理。我们不能决定太阳几点升起，但可以决定自己几点起床。我们无法掌控自己的出身，却可以掌控自己的命运。命运这个东西，你强它就弱，你进它就退，你努力它就能被你捏在手里。

如果你爱自己，就一定要学会掌控自己的生活。

生活挺复杂的，诗人北岛曾说过："生活就是网。"可不是吗，人生的道路有千万条，纵横交错不就是一张网吗？一条路就是一种活法，但请相信我，不论走哪一条路都不可能一帆风顺。

坎坷、失败都是小事，最烦人的是诱惑。面对诱惑，有的人妥协了，有的人放弃了，更多的人则是在花花世界中迷失了。他们如坠幻境，浑浑噩噩。

打破这幻境唯一的方法就是努力，努力向既定目标奔跑的人永远不会迷失自我。可是努力一次不难，但是努力直至达成目标真不是件容易的事。凡是能做到的人必然心智坚定且目标明确。

这目标是什么呢？袁泉在电影《后会无期》里有句台词很经

典："喜欢就会放肆，但爱就是克制。"

正因为爱自己，所以我们能克服诱惑、克制惰性。

在知乎上看过一个让我不知所措的提问：现在的你，为什么那么努力？

现在我能给出答案了：因为我爱自己。

不要问远方有多远，因为不管多远，我们都必定风雨兼程。越努力越幸运，努力的女人才是真的爱自己。

不设限的人生才精彩

文/大慧

网上有这样一个热议的问题：在回望自己走过的人生时，有没有什么事情让你觉得遗憾、后悔？

不知道你的答案是否跟我一样，我遗憾、后悔的事很多。但总结起来，最让我感到遗憾、后悔的，是有些事想做而没有勇气去做。

有句话说得好："人生最遗憾的，不是我不行，而是我本可以。"

*

曾有一段时长6分38秒的视频和一个来自黄土高原的女孩，一起刷爆了网络。

她就是清华大学2019年本科生毕业典礼上，作为唯一一位本科生代表发言的"95后"女孩张薇。

张薇来自甘肃镇原，那是一个黄土高原上的国家级贫困县，交通不便，教育资源有限，经济落后。她第一次去省城参加物理竞赛时，甚至没有见过比赛用的仪器，当她终于找到仪器开关时，实验时间已经到了。

她的起点并不高，但她最终凭借自己的努力，走出了那座县城。2015年，张薇考入清华大学工业工程系。入校之后，由于自身基础薄弱，张薇在学业上比其他同学要更吃力一些。

微积分作业通常要比别人多花三四倍的时间才能完成，导致她时常陷入自我怀疑。

因此，她才会在日记中不断鼓励自己："无论如何，不许退缩，不许不努力，决不许放弃。"多年的坚持也证实了她从未辜负初心。

后来，她参加辩论赛获得了冠军，仰卧起坐及格了，当上了班长，开始指导实践支队，评上了"北京市三好学生"，又获评"清华大学优秀学生干部"。

人生是自己的，与他人无关。无论身处何种境地，想得贵人相助多半是奢望，唯有自己才能拯救自己。

有人说："没有深夜痛哭过的人，不足以谈人生。这些疼痛被打磨成我内心的一粒粒珍珠，因为这串珍珠，我站在人世间的时候，有了不可小觑的底气。"

要想让梦想照进现实，就必须行动起来。

如果身处泥泞不堪的泥潭，那就需要自己爬出来。

如果目之所及都是黑暗，那就得自己提灯前行。

生活从来都不容易，我们只能变得更加坚强。

挺过去以后就会迎来春暖花开。

*

河南卫视一档节目中的舞蹈《洛神水赋》曾引爆话题，48小时内热搜上榜19次，视频播放量超过1亿。

一时间分不清这是曹植心心念念的洛神，还是敦煌壁画上的飞天。网友的赞叹不分国界：这支舞彰显了中华古典文化的底蕴。果然，美是相通的，可以共情的。

这位"人间洛神"小姐姐——何灏浩也从默默无闻到一夜出圈。有人形容她的舞蹈像羽毛，轻盈得仿佛没有重量。可台上越轻灵，就意味着台下越沉重。

小学三年级的时候，何灏浩通过选拔进入广州花样游泳队，苦练花样游泳12年。

她对《人物》的编辑这样描述当时的情景："身上是一堆线，游走过程中鱼线会越勒越紧，上岸后腰间都是一道道红色勒痕。有时候我觉得自己像一个粽子，被死死捆住。"

编导郭吉勇也揭秘了《洛神水赋》的拍摄过程，是在一个12米长、8米宽、4.5米深的水下影棚拍的，因为完全屏息，50秒就要换气一次。几分钟的画面，需要拍摄26个小时。

何灏浩要在水中保持睁眼、表情管理，同时做出飞跃、翻腾等各种舞蹈动作。水下睁眼很疼，没多久她眼里就布满了红血丝。她忍受身体极限，苦练动作的稳定、衔接的流畅、睁眼的适应、憋气的时长。

路遥在《平凡的世界》中写道："自己历尽千辛万苦而酿造出的生活之蜜，肯定比轻而易举拿来的更有滋味。"

1%的天赋，加99%的苦练，成就了今日的何灏浩。

她就像在石缝中生长的小草，坚韧又顽强。拼尽全力，昂首朝向阳光，努力成就自己。

*

某视频平台一位博主阿拉蕾本科毕业后，到银行做了一名小职员，工作简单又枯燥，她觉得20岁就能看到自己50岁的样子。

于是她申请留学，改行做数据分析，每天下班后至少学习4个小时，用6个月的时间恶补了别人大学4年学习的知识。

两年后，她以全A的成绩硕士毕业回国，进入顶尖的互联网数据公司，成为一名研究员，3年时间成为大数据总监，做出业内顶尖的数据产品，拿到了高额年薪。

可她不想后半生一成不变，又辞职去做了旅游博主，从头开始学摄影、剪视频，一年到头奔波在路上。

两年时间，她走了156万公里，到过239座城市，行遍六大洲，成了拥有百万粉丝的博主。

前进的路上，总有一些质疑声说你不行，也有很多人还没开始尝试就妥协，想要成为真正的自己并不容易。

看过一句话："人生的起点和终点之间，充满着无数个选择的机会，只要你对自己的选择做出行动，别人说什么都没那么重要。想象一个未来，把它逐渐打造出来。"

人生没有什么必须遵循的规矩，能限制你的只有你自己，要有做自己的胆量和勇气。

不畏惧困难，走好自己选择的路，全力以赴做想做的事，那么每一分努力都会为你的前进铺路。

别约束自己，别辜负岁月，不被定义的人生会很酷。往后的日子里，做喜欢的事，成为最好的自己，过想要的生活。生命的意义不在于固守，而在于开拓。

这一路人生，与其在设限的生活里寸步难行，倒不如不给自己设限，活出属于自己的一份精彩。

生活，本来就充满了无限的可能，让自己不断地前行，才能遇见更美丽的风景，成为更真实的自己。

没有遗憾，没有设限，将会是一个人最大的成就，这或许就是生命的意义。

你要相信，时光漫长，你想要做的事，最终都能做成；你想要到的远方，最终都能抵达。

所以放手去做吧，你一定会站在星辰大海里闪闪发光的！

你的身材里藏着你的自律

　　我们每个人都希望自己能拥有完美的身材，但要做到这一点又谈何容易。

　　有人说，没有人天生就自带光芒，你想要变得不一样，你想要拥有不一样的东西，就必须做出改变。

*

　　2017年，中国健美健身公开赛黄石站的赛场上，一位"95后"的广西姑娘获得了女子比基尼B组的第一名。

　　她叫韦晓婷，领奖台上的她真可谓英姿飒爽、笑容灿烂、星光闪耀。

　　然而就在不到两年前，她还是个名副其实的小胖妞，体重最高峰时达到了150斤。她整个人圆嘟嘟的，班上的同学经常嘲笑她的婴儿肥。

上大学期间，她交了一位来自老挝的男朋友。男朋友喜欢运动，经常去健身房锻炼，还喜欢打橄榄球。

韦晓婷对男朋友很好，有时会陪男朋友一起去看比赛，但他却总拿她胖胖的身材说事，常常表现出一副嫌弃的表情。

交往两年后，男朋友回了国，从此杳无音信。

投入了真感情，却没有修得正果，这次的分手给韦晓婷的打击无疑是巨大的，沮丧、懊恼纷至沓来。

但她是个积极乐观的姑娘，痛定思痛之后，觉得男朋友之所以会抛弃自己，同学们之所以会嘲笑自己，无非就是自己胖了一些，把肥肉锻炼成肌肉不就行了。

她决心改变自己，找回失去的自信，于是毅然决然地开始了自己的健身之路。

我们每个人都要相信自己、善待自己，不要一直沉沦在漫无边际的失望和自责之中，应当让自己的人生过得精彩纷呈，而非自怨自艾。

一旦开始改变，我们的人生就会开启新的开挂模式。

*

安迪·沃霍尔说过："人们总说时间可以改变很多事，但事实上必须由你自己做出那些改变。"

韦晓婷刚开始健身时，每天都要锻炼一个半小时，她觉得自己在健身中完全释放了自己的情绪，健身让自己的心情明朗起来。

起初，她健身还只是为了减肥。后来她无意间观看了一场女子健美比赛，让她改变了追求，希望自己也能拥有健美的身材，把自己打造成心中的健美女神。

说干就干，她立即开始了日复一日的系统性训练。然而在这个过程中，高强度的密集训练量让她有些望而却步，她既喜欢又害怕。

因为每天都要在肌肉酸痛中度过，如同进入炼狱一般，她一度几乎想要放弃。

但为了自己的梦想，在教练的鼓励下，也在自己内心执念的驱使下，她最终坚持了下来，并真正爱上了健身。

在健身房里，高位下拉、坐姿划船、引体向上，韦晓婷做这些力量型的无氧训练轻松自如，毫无压力。

为了备赛，她一边通过观看在线健身视频，一边向朋友寻求建议，自己设计训练方案。

她渐渐练出了独有自己特色的健美结实的体型，同样还是150斤，健身前后判若两人，完美的腹肌马甲线，让身边的朋友羡慕不已。

这些都是她自己努力不放弃的结果。她深信，只有坚持下去，把自己变得更优秀，才是对自己最大的回报。

东野圭吾在《解忧杂货店》里写过："放弃不难，但坚持一定很酷。"

正是这一份坚持，让她找到了自己真正热爱的事业，成长为自己喜欢的模样。

＊

王小波说："人一切的痛苦，本质上都是对自己无能的愤怒。而自律，恰恰是解决人生痛苦的根本途径。"

村上春树也说："当自律变成一种本能的习惯，你就会享受到它的快乐。"

如果你吃不了自律的苦，就注定要遭受平庸的罪。

为了拥有更完美的肌肉线条，韦晓婷每天都会坚持近两个小时的健身锻炼，风雨无阻，从不间断。

为了自己的身材能够保持稳定，她自己动手制作健身餐，碳水、维生素、蛋白质，严格按照比例要求。

她深知，只有通过不断的磨砺和努力，才能收获更多可能。

在练习健美4个月后，她参加了深圳的一场健美比赛，并获得了第五名，这为她增强了信心。

功夫不负有心人，一年后，她又报名参加了全国健美健身公开赛黄石站的比赛。这一次，她拿到了自己这个组别的第一名。

2018年8月，她参加广州女子比基尼健美大赛，再次夺得冠军头衔。

如今的韦晓婷，已经不再是当初那个暗淡无光、被男友抛弃的胖女孩了。

她有一大群拥趸，已是妥妥的"女神"。

她的故事有着极强的励志性，很多运动品牌纷纷找她代言。

她还受邀参与健身节目的录制，展示自己的健身日常，给热爱健身的人们提供了一个可效仿的榜样。

而她自己也在坚持健身的道路上，找到了志同道合的另一半。

她和现在的男朋友因健身而结缘，他们日常秀恩爱的方式，就是在一起健身。

因为自律，她收获了完美的身材，实现了人生自由，找到了属于自己的缘分。

因为自律，她收获了自己想要的人生。

*

有人说，最养眼的自律就是健身。

健身是世界上最公平的事，你付出多少，就能收获多少。

只要拥有一颗自律的心，韦晓婷能做到的，你也一定能做到。

因为自律意味着目标明确，并且具有超强的计划性和行动力。

别把时间花在羡慕和感慨上，勇敢去追逐自己想要的身材。因为你的身材里正藏着你的自律。

一个能保持好身材的人，必定能掌控自己的生活，不管是工作还是生活，都能游刃有余地处理好各类事务。

04

辑四
愿你的坚持，都是因为热爱

愿你的坚持，都是因为热爱

知乎上有这样一个问题：什么是真正的热爱？

热爱，是尊重内心的选择，是坚持背后的精神支柱，更是驾驭人生的最大燃料机。

当我们因为热爱而去坚持做一件事的时候，为的是内心最单纯的喜欢，始终坚持追随本心。

在虎年央视春晚上，舞蹈《只此青绿》火爆出圈，也带火了领舞孟庆旸。

当我们回顾她的舞蹈之路时，就会发现，她精湛技艺的背后是20多年的坚持，而她所有坚持都源于一个词——热爱。

*

出生于河南周口的孟庆旸，是一位实打实的"90后"姑娘，但她的舞蹈生涯已经有20多年。

　　她自小生得伶俐可爱，对舞蹈更是情有独钟，听到音乐就习惯性地扭动起来。

　　父母在发现孟庆旸有舞蹈方面的天赋后，大力支持她学舞蹈，并且在她5岁时，找了当地最好的舞蹈学校，让她接受专业学习。

　　但很有主见的孟庆旸并不满足于此，她想去更加专业的舞蹈学校学习。

　　经过四年学习后，有一天，年仅9岁的她对母亲说，希望能到北京去学习舞蹈。

　　起初，父母并不同意，考虑到她这么小的一个女孩子，背井离乡，很是心酸，心里有一千个不愿意，一万个不舍得。

　　但看到女儿眼中的那束光芒，坚毅而执拗，最终还是被打动了，经过商量后，选择支持孩子的梦想。

　　从此，9岁的孟庆旸前往800公里之外的北京，在没有父母陪同的情况下开始了"北漂"生活。

　　在外求学中，她不怕辛苦，刻苦努力，日复一日地跳好每一个舞蹈动作。

　　2008年，16岁的孟庆旸，在天赋加努力的双重加持下，如愿考上了北京舞蹈学院古典舞系。

　　经过四年的练习，她一毕业就被中国东方演艺集团看中。入团后，她把每一步都当作起点，不论严寒酷暑还是生病受伤，训练从未停止。

　　最终，她的表现得到了认可。在20岁那年，孟庆旸成为集团的领衔主演之一。

因为这份热爱，孟庆旸为梦想远行，孤注一掷，身披战甲，勇往直前。

人生的美好，很大程度上是为了找到自己内心的热爱与安宁。当找到自己真正热爱的事情时，你就会顺从内心，不顾一切地去努力、去付出。

*

有了前十几年的积累，孟庆旸的舞蹈潜力开始喷发。

刚跨进2015年，孟庆旸被选中参演当年春晚的两个舞蹈节目，并同时担任领舞。孟庆旸感到受宠若惊，同时也承受了很大的压力。

为了将更好的面貌呈现给全国观众，她抓紧一切时间训练。结果越是着急越是出错，在一次彩排中，孟庆旸不小心韧带拉伤，不能过度运动。但此时的孟庆旸顾不上伤痛，她一边积极配合治疗，一边带伤坚持训练。

所幸，最后孟庆旸出色地完成了两个节目的领舞工作，她悬着的一颗心终于放下来。

但对于这一次的演出，孟庆旸并不满意，她说自己可以做得更好。

所谓最好的作品永远在下一次。正是这样的信念支撑，让她不断登上新的舞台，创造出更多的精彩。

在《天天向上》节目中，一曲敦煌舞曲惊艳众人。

2019年，在"芒果台"的《舞蹈风暴》中，她全程单脚演完《酉鸡出辰》，完美诠释出东方之美。

虽然最终因伤退出比赛，但孟庆旸从此进入了更多观众的视野。

2021年，孟庆旸二次出战央视春晚，一曲《茉莉》，将观众带入到江南水乡，看得人陶醉。她再次获得大家的高度评价和喜爱。

然而，孟庆旸将赞美声放置一边，依然低调地奔波在自己热爱的舞蹈事业上。

她说自己从不把舞蹈当成工作，而是作为一种精神信仰。只有站到舞台上，才是真正的孟庆旸。

一个人生命中最重要的是要找到自己的热爱。当你投身到自己真正热爱的事情上，那些在外人看来的艰苦，在你眼中就都是乐趣。

因为热爱，从来不是流于表面的行为作秀，而是真心愿意为之全力以赴的行为艺术。

*

"因为热爱，所以坚持。这一年把自己完全给了'青绿'，2021年以'青绿'收尾。" 2022年2月1日，孟庆旸在朋友圈发出了这样一条动态。

与此同时，网络上对她的夸赞铺天盖地，她的家乡周口更是因她引以为傲。

然而对于这些，孟庆旸始终很清醒，她知道，作品能够满意地呈现，离不开团队每个人的努力。

大家如螺丝钉一般，各司其职，站好自己的位置，做好自己的动作，把每一次排练都当作正式演出，每个人都百分之百地付出，才能有如此绝美的展现。

孟庆旸说，第一次饰演"青绿"这样的大写意角色，很有挑战性。

从巡演收官到走上春晚舞台，她几乎牺牲掉自己所有的私人时间，不社交，不回家，全身心融入这一抹历经千年的色彩中。她和同伴们连续4个月，每天至少排练10个小时，一遍又一遍地练习剧中每个动作、走位。那段时间，孟庆旸闭上眼睛，脑海里浮现的都是舞蹈动作。

有时，她甚至忘记了自己本身，幻化成"青绿"，与其合二为一，浸润着传统文化，发掘出自己最放松的状态，找到最准确的角色定位。

正是这种沉浸式忘我的排练状态，让她在春晚舞台上，有了精彩绝伦的表演。

因为热爱，才会沉浸；因为沉浸，才会忽视过程中的各种艰辛。持续专注打磨自己，在努力的枯燥与隐忍中，选择一如既往，进而创造无限可能。

对于舞蹈，孟庆旸因热爱而起，也因为有了"热爱"两个字支撑，让她坚持了20多年。

对孟庆旸而言，与舞蹈相遇，是人生的幸运。而选择一条路义无反顾地走下去，绝对是一件很可贵的事情。

一个人，只有在自己非常热爱的领域中，才会倾注全部的激情和长盛不衰的热情；才会愿意燃烧全部的赤诚之心与沸腾热血，倾情投入，无所畏惧。

姑娘，请你别着急否定自己

文/张伟超

你因为担忧失败而止步不前，因为害怕他人的目光而循规蹈矩；你在工作中不敢提出自己的想法，因为你深知自己能力的不足；你在生活中尽力讨好着身边的人，因为你害怕被他人所厌恶。

看着那些光鲜亮丽，在演讲台上侃侃而谈的同龄人，你只能尽力地蜷缩起身体，担忧被他人所注视，而你更担忧的，是别人发现你身上的平凡与普通。

你在否定自己，你遗憾于自己的卑微与渺小，但你其实大可不必为此焦虑，因为你并非唯一善于否定自己的姑娘。

*

当你在公开场合中，尽力蜷缩起身体，担忧着外界目光的注视，内心却在对自己的怯懦沮丧而焦虑时，你或许可以偷偷地环视四周。

当你环视四周后，或许会惊奇地发现，你并不是唯一蜷缩起身体的人，有无数人与你一样，也在尽力地隐藏着自己平凡与普通的一面。

你不必为此惊讶，因为"不自信"是女性的普遍现象，研究显示：男性通常高估自己的能力与技能，而女性则低估自己的能力与技能。

有无数人与你一样，在日常生活的点滴中，不断地否定着自己，被"不自信"所笼罩的她们，时刻努力地在隐藏着自己。

看到这里，你或许会有些许安慰，但你或许又不禁会思考，是否像你一般否定自己、像你一般不自信的人，只能受困于普通人的身份，永远无法实现人生的价值？

并非如此，实际上，许多成功的女性，在电视节目中侃侃而谈时，她们的脑海中，也不由得浮现出对自我的否定。

米歇尔·奥巴马，为奥巴马的竞选提供了很大的帮助，更是美国历史上第一位非洲裔总统夫人，在许多人的想象中，她必然有着足够的自信与斗志。

实际上，米歇尔·奥巴马在一次演讲中说道："在与你们讲话时，对自我的否定还是一刻不停歇地在我脑海中盘旋，我忍不住想，'你们应该不会把我当回事吧'。但其实我又知道些什么呢？我之所以和大家分享自己的心思，因为我们多少都对自身能力有所怀疑。"

是的，即使是成功如米歇尔·奥巴马，也在否定与质疑自己，这其实不足为虑，因为这本就是来自他人的过高期许所带来的对理想自我与现实自我落差的担忧。

*

你大可以否定自己，或者说你本就有理由否定自己，因为这个时代，对女性有着过高的要求，你很难摆脱时代给你的阻力。

"我是一个糟糕的妈妈。"这句话，出自一家上市公司女性高管的口中，我曾经很惊讶她为何会说出这句话，因为无论从哪种角度来看，她都可以称得上新时代成功女性。

但慢慢地我理解了她的这句话，因为选择成为一名职场女性的她，不免遭受他人嫉妒的目光，人们总是指责她忙于工作而忽视家庭。

人们希望一个女性，既可以在商场中叱咤风云，又可以在家庭中相夫教子，这种冲突、对立的性格特质，被赋予到每一位女性身上，又如何不会让她陷入自我否定之中？

但那些来自外界的评论，本就并非完全理性、客观，反而是出自羡慕、嫉妒所带来的恶意评价居多。

我们本可以凭借理性的判断来拒绝相信这些不符合现实的期望，但在互联网的作用下，我们很难不陷入迷茫与对自我的怀疑之中。

互联网拉近了人与人之间的距离，我们可以更为便捷地窥探到他人的生活，看到他人的自律，看到他人完美的生活，看到他人游刃有余地游走在工作与家庭之间。

我们将家庭与工作的失衡归咎于自己，我们充满着对容貌与身材的焦虑，我们不免否定与质疑自己，但互联网中的信息并非是真实的。

那些游刃有余，那些完美生活，本就可能是与我们一般的人，在长久自我否定后，出于对认同与肯定的极致渴望，所编织出来的谎言。

那些网络中的理想女性，那些美好生活的完美模板，或许在此时此刻，正如我们一般，在现实生活中，尽力地蜷缩着身躯，尽力地隐藏着自己。

*

莎士比亚说："我们知道我们是什么，但我们忘了自己能成为什么。"过往的一切塑造了我们，在他人默契的社会期望中，我们急于隐藏自己，却忽略了我们身上真正的才能。

与时代理想女性的对比，不免使我们自惭形秽，从而开始否定、质疑自己，但这种对比，本就是一种十分不合理的向上比较。

实际上，我们并不需要与成功者对比，也并不需要成为万千人的榜样，我们唯一需要做的，便是客观地认清自己。

许多正在否定自己的人，许多在工作中认为自己能力不够出色、在生活中认为自己不够自律的人，如果以客观的角度去观察，会发现自己本就比许多人出色，比许多人自律。

想要摆脱自我否定的痛苦，我们需要的便是安于内心，寻找自己过往生活中的成就，并鼓励自己。

我曾经遇见一个姑娘，她在生活与工作中似乎总是充满着动力，我从未见过她意志消沉，似乎她一直都充满着自信。

但她告诉我，她并非一直都充满了自信，相反，曾经的她在很多时候，也会沉浸在对自我的否定之中，即使是她并没有做错什么。

"这似乎是一种本能。"她坦诚地告诉我，这种对自我的否定，总是在不经意间袭来，使她陷入消沉与迷茫之中。

但后来，她有了专门的日记本，那日记本中密密麻麻地记载着她在生活、工作中点滴的成就，其中甚至细微到包括一次犹豫很久最终却没有订购的夜宵。

这密密麻麻写满文字的日记本，便是支撑她相信自己的基石，让她意识到她或许并非没有能力，或是不够自律。

我们又何尝不是如此？我们并不相信自己的能力，并不相信自己的自律，最终在质疑与迷茫之中止步不前。

或许我们都应该记录自己过往点滴的成功，让事实告诉我们，我们到底有多优秀。

姑娘，职场中请披甲戴盔上阵

文/陈宇薇

总有人说，职场如同战场，步步惊心。

姑娘，当你初入职场时，难免会遇到些不如意的事，不必计较，不妨从容淡定应对，笑看那些千姿百态的小伎俩。

职场磨的就是心性，而阅的则是人生，只有拥有一颗坚韧的内心，不因一时的得失而喜悲，才能在职场的风浪中一往无前。

在一部职场剧中，女生安芊翊是工作能力很强的职场新人，在实习期便引人注目。可没想到，真正入职后，她却频频被领导和同事打压。

本该意气风发的她，不知为何好像成了众矢之的。同事让她送份文件给领导，她发现里面的数据还是一年前的，便主动与做表的同事和领导沟通，却没有得到任何反馈。

可她并没有因此而被负面情绪所影响，而是调整好心态后，重整旗鼓再出发，努力改善与同事间的关系，从而改变自己的处境。

当她深陷职场囹圄中时，有同事劝她明哲保身，她却说职场就如一场马拉松，我不能因为一时的苟且，而带着悔恨跑完这一生。

确实如此，在生活中，很多人会因为眼前的利益，而违背了自己的原则，之后追悔莫及。不如一开始就将眼光放长远，不因一时的得失而折腰。

有些人看似走了捷径，好似一步就登了天，可登高易跌重。姑娘，记着：只有自己用双手奋斗出来的才是属于自己的，谁也拿不走。

不是所有的努力都能马上见着成效，在职场中，每一步亦是风景，如果时间不能换来高效，不如享受当下，将手中的每一份工作都做得出彩。

荣耀的背后必定被汗水浸染，你的职场形象是靠谱还是莽撞，都藏在你说的每一句话、办的每一件事里。

海明威曾说："只要你不计较得失，人生还有什么不能想法子克服的？"

在职场中，放宽心态，结好人缘、不计较个人得失、辛勤工作、持续努力的人，才会在职场中笑到最后。

*

姑娘，当你看透了职场的本质，你就会发现，最重要的不是什么情商以及酒量，而是你所拥有的能够用来交换的能力。

"天下熙熙，皆为利来，天下攘攘，皆为利往。"在职场中，比被人利用更可怕的是，你根本就没有被利用的价值。

职场中，最引人关注的便是你能给企业带来什么样的利益，是否能创造出独一无二的价值？

所以，姑娘，在初入职场的时候，你就要想清楚自己的定位，如果你不能给自己定位，那就别怪别人随意把自己的想法强加在你身上，给你随便定个位置。

比如，你刚进一家公司，你给自己的定位就是甘于奉献，做一个螺丝钉，那么你除了做好自己的本职工作外，你看到别人需要帮助时，也应该去搭把手。

因为螺丝钉看上去很不起眼，但它其实是一个整体起承转合中最不可或缺的一部分，所以有时候不要怕多做事，如果你的存在能让整个集体更有效率，那就是你最有价值的竞争力。

在职场剧《理想之城》中，女主苏筱在被上一家公司辞退后，阴差阳错地入职新公司，可却迟迟不得转正，一直处于"黑户"状态。

在职场上遇到绊子时，有同事好心提醒她困难重重，可她毫不退缩，依旧干劲十足。事成之后，她勇敢地去找总经理，给了他一份计划书，点明如果按她的计划执行，那么能给公司节省很多成本，获得更多的效益。

正是她可能给公司带来效益的这份价值，成功地说服总经理，才让她的职场之路有了转机，让她转正入职。

苏筱明知之前自己在集团中只是被利用，可她却抓住这份利用，达到了自己想要的目的，重新回到职场的正轨中。

在职场中，我们应该是提升能力去达到目标，而不是降低目标来匹配能力。当你的能力能够带来足够的利益时，自然会受到提拔和上级的回护。

无须忧虑，勇敢地给自己定下一个目标，然后朝着目标去努力，你终究会活成自己想要的样子，拥抱属于自己的璀璨人生。

＊

现如今，高级有趣的思想固然稀缺，可如何能将思想表达得更贴近需求，才是职场中最引人注目的能力。

就如同现在让人欲罢不能的某平台，它的火爆起源于短视频，可短视频的出现由来已久，为什么它就能抓住机遇一飞冲天呢？

因为它的创作者选择的表达方式最贴近当前的时代潮流，以一种全新的角度来阐述，让人有耳目一新的感觉。

当你平时的闲暇时间都用来追剧、刷手机、谈论爱豆时，不妨给自己的思想一点儿时间，去考虑一下事情背后的真相。

比如这部剧现在特别火，是因为什么？用的演员好，还是剧本题材新颖，还是呈现的方式别出心裁？

就像创业成功的"95后"CEO魏琪，她在学生时代看综艺的时候，就喜欢思考这个节目是如何策划出来的？为什么选择这种呈现方式？它为什么能隔着屏幕就能拥有如此多的粉丝来调动市场消费？

在实习时，领导让魏琪整理用户数据，可她却独辟蹊径，系统性地进行了用户分析，完整推导并优化了方案，设计出一款全新却又更符合用户的产品。

也正因为她平时的爱动脑，所以当机会来临之时，她就能成功抓住，完美飞跃，从实习生跃迁成为合伙人，到达了赛道的最前沿。

职场中的灵感看似一闪而来，却源自足够多的信息和充分的思考。

如果不注重思想上的积累，不挖掘事情背后的深意，那么就算把机会递到手中你也把握不住。

掌控思想，才能拥抱美好未来。

你得放得下痛苦，才能装得进幸福

文/神猪倩

很多时候我们没有把自己摆到第一位，总希望能给别人留下好印象，努力让别人开心，却忽略了自己内心真正的需要。这世界上独一无二的你，反而没有被自己温柔对待。

设想一下，如果你有一位好友遭遇了挫折，你会如何对待她？想必你会充满善意地给予安慰和鼓励吧，但是轮到自己，态度却又变得严厉和苛责起来。

然而，越是处于艰难之中，你才越应当成为自己最坚定的支持者和守护者，给予自己无条件的温暖和接纳，而不是攻击与斥责。

我们在与人相处中，一旦忽略了自己，很容易就处于顺从的地位，逐渐会形成讨好型人格，不敢表达自己的观点，处处都活得小心翼翼。

其实，每个人的内心深处都知道自己喜欢什么，喜欢吃辣还是甜，喜欢民谣还是摇滚，喜欢这个人还是那个人。

只是长久以来对自我的无视和压抑，让内心被锁住，不敢表达出真实的想法。但是你的幸福和他人的幸福是同等重要的，爱自己才是一生浪漫的开始，是你应当不断追寻的生活。

从现在起，你就从静观和聆听自己的内心开始，像对待好友和爱人那样善待自己吧。

到那时你会发现，遵从自己的内心，活得像自己，是一件多么开心的事。

*

人有时就是喜欢和自己较劲，受制于外界的眼光和自己的不甘，把人生活得很沉重，让自己无休止地陷在痛苦之中，根本没有心力来接受幸福。

电影《消失的爱人》为我们讲述了一个关于阴谋与背叛、不肯放手也不得幸福的爱情悲剧。

在结婚五周年纪念日的清晨，男主角尼克在酒吧和姐姐抱怨完自己的妻子艾米，以及看不到希望的婚姻之后，返回家中发现客厅中有打斗过的痕迹，妻子艾米也不知去向。

尼克配合警方开始搜寻失踪的艾米，最终发现整个事件都是艾米自导自演，为的就是报复出轨的丈夫尼克。

后来尼克回归了家庭，但两人的爱早已不在，只是碍于外界的评价，又缺少离开的勇气，两人宁可选择在婚姻中相互折磨，也不肯放手和宽恕。

影片中的艾米深切地经历过伤心、愤怒和被抛弃的伤痛，曾绝望地说："尼克夺走了我的骄傲和尊严，还有我的希望和财产。不停地向我索取，直到我不再存在，这就是谋杀。"

因此，艾米选择了报复，却也让自己停留在原地，深陷于这段不能改善的关系之中。但是艾米不知道，其实原谅他人的恶劣行径，并不等于忘记或者赦免，而是对自己的人生负责。

如果你一直怀恨在心，痛苦的感觉就始终不会消散，会纠缠和折磨着你，耗尽你的精力，而你的伤痕也迟迟不能愈合，这样看来，受伤的始终都是你自己。

所以，当别人伤害你时，如果你能够选择不纠缠、不报复，也就有了机会去更深入地了解人性和这个世界。

你与外界的每一次互动，都取决于你对世界的看法和你的态度。

也只有你，才能帮助自己创造新的故事，让那些老旧默片从此在你的生命中被翻过，给自己一个崭新的开始。

因为，放得下多少痛苦，才能装得进多少幸福。

*

当过往种种都已成为无法回到的从前，我们能做的就是勇往直前！

如果总是将注意力集中在过去，视野会变得越来越窄，会让自己陷入动弹不得的泥淖之中，那样人生会被自己牢牢设限，毫无生机和希望可言。

当遭受挫折和失败时，我们往往还会夸大失败，觉得自己是个"彻头彻尾的失败者"，整个人生都被失败给毁了。然而事实真的如此吗？我们真的没有机会绝地反击吗？

战争毁灭了奥黛丽·赫本的舞蹈梦想，让她痛不欲生。谁都知道，这对从小就把当一名优秀的舞蹈艺术家作为毕生梦想的她来说打击有多大。

好在她懂得如何在痛苦中培养出自己"重建人生"的能力，依旧选择不畏艰辛，从头再来，让自己的人生开始了新的逐梦之旅。尽管最初她只是在跑龙套，但每一次都会全力以赴，从未有过任何的敷衍与懈怠。

通过自身的努力，她坚定地静待着自己破茧成蝶的时机，等待着幸运之门为她开启。

如果赫本一直背着沉重的怀旧包袱，为逝去的流年和不能实现的梦想而感伤不已，我们就没有机会看到日后这位闪闪发亮、备受瞩目的世界巨星了。

追悔过去，只会失掉现在；而失掉现在，就不会拥有未来！

想成为一个快乐、成功的人，最重要的一点就是记得"随手关上身后的门"。

记者的镜头在一场泥石流肆虐之后的美国南加州街头移动

着，似乎在寻找着什么。

一个女子正在路边哭泣，她对记者说："我的房子被泥石流毁了，我的东西都被埋在了里面，我的未来无望了。"

街头的另一端，有着同样遭遇的女子却庆幸地对记者说："好在我的家人们都跑出来了。""我的东西被埋在了泥土里，但我们挖出了很多。""我想要建一座有三个卧室的新房子。"并给了记者一个坚定的微笑。

第一个女子沉浸在过去的失去之中，得到的只能是无助的悲痛；而第二个女子看到的却是充满希望的未来，相信自己能战胜眼前的困难，坚信未来可期。

与过往的种种和解，把那些伤痛、不堪、失败都留在过去吧，勇敢地与未来的自己同行，把过往的心结系成美丽的蝴蝶结，来装点自己不断绽放的未来。

相信未来定会有个更好的自己在等你，这样你的人生才不会晦暗无光，这样你的生活才会更加有趣。

生命的长短虽然不受我们控制，但生命的质量却是我们可以努力提高的，别辜负了岁月和光阴，因为我们每个人都应当过一个值得活的人生。大可不必迈着那么工整的步伐，却走着如此寻常的路！

不负青春与梦想，理想与你皆闪耀

文 / 孙娇

有人问：青春是什么？

青春大概就是拥有梦想，拥有力量，拥有无限的可能。

人生中最快乐的事，莫过于让梦想与青春同行，让青春与梦想为伴。

2021年5月15日清晨，"天问一号"成功平稳着陆火星。此时，北京航天飞行控制中心里充满了欢声笑语，但有一位女调度员仍保持平稳的语速，准确而坚定地发出一条条指令。

这位女调度员就是北京航天飞行控制中心40年来第一位女性总调度——"航天花木兰"鲍硕。

令人想不到的是，这位还不到30岁的女孩，从小就懂得坚定理想与信念，用青春铸就梦想。

1992年，鲍硕出生在北京市一个普通家庭，父母文化程度并不高，小时候能带给她的影响，就是以身作则地指引她做个吃苦耐劳、善良正直的人。

　　鲍硕自小对航天事业有着独特的情怀。十多岁的时候,鲍硕就望着夜空中的月亮,思索着上面会不会有火山和水,乃至有没有生命存在。

　　浩瀚无垠的宇宙,还有比地球上的沙粒还要多的茫茫星球,渐渐地对鲍硕产生一种神秘而强大的吸引力。她开始在父母的支持下购买相关的书籍,订阅天文探索类的杂志。

　　基于对星空的好奇,鲍硕长大后又很羡慕宇航员的工作。

　　高中毕业后,她以出色的成绩考上了北京航空航天大学。后来她进入北京航天飞行控制中心,从事调度工作。

　　鲍硕在航天系统5年的不懈努力,使得她在业务素质、心理素质和身体素质上都达到极佳的状态。

　　各项条件都优秀的鲍硕在2019年第一次担任首席调度员,并指挥了"嫦娥四号"发射。这一年,她才27岁。一年后,已有丰富经验的鲍硕被任命为总调度。

　　鲍硕从好奇宝宝到"萌新"总调度,实现了成为航天人的愿望。

　　她让梦想照进现实,让青春托起梦想,将思想之火点燃。

*

　　2019年指挥"嫦娥四号"探测器发射,是鲍硕首次站到总调度的岗位上,也是她第一次听到自己的声音响彻整个航控大厅。虽然已经在底下练习了无数次，但摸到话筒时，她还是紧张到差点儿失声。

然而，同事对于鲍硕"指令怎么带有娃娃音"这一句简单的评价，却让她差点儿崩溃。

鲍硕知道"娃娃音"会让调度命令听起来不那么严肃，弄不好可能会扰乱同事们的正常工作。此事不容小觑。于是她下意识地捏了捏拳头，咬牙表态，一定要改掉。

鲍硕开始翻看前辈们的录像，模仿他们怎么干净利索地发布指令，并尽量压低自己的嗓音，把说话节奏放慢……记不清经过多少次的刻意练习之后，鲍硕的声音变了。她往调度台上一坐，整个人气场都不一样了。

如果说把娃娃音变成沉稳的女声，算不上太艰难的任务。可接下来鲍硕还要担任"嫦娥五号"探测器的指挥官，则让她感受到了前所未有的压力。

鲍硕说这次探测任务比"嫦娥四号"的难度提升了不少，每一条发往月球的命令，只要几秒钟就能到达，一旦出现错误根本没有机会更改，必须一次成功，百发百中。所以为了保证不出差错，她要掌握成千上万条调度指令，还要明白各个系统的运行环节，了解飞行器的最新状态等。

这海量的学习内容，让鲍硕甚至陷入了焦虑之中，她害怕因为自己的失误让整个计划失败。

这种情况下，鲍硕想到自己是第一个出现在这个岗位上的女性，必须开个好头。她告诫自己：挺住，一定要战胜困难和挑战！

由于"嫦娥五号"计划在月球表面工作48小时，鲍硕想着自己得适应这个时间差，要在最重要的环节时刻保持清醒。于是，她就悄悄进行了连续一个月的特训，坚持每天只睡3小时，让自己适应近30小时不休息的节奏。

她对自己的严格要求，换来了比预想还要好的结果。在这项重大调度工作中，鲍硕以熟练的业务能力、准确的口令、遇事不乱的心态，圆满地完成了任务。

欲抵达远方的梦想之地，必须先丈量好脚下的每一寸路。

青春的珍贵莫过于为梦想奋斗，而鲍硕让青春的底色在航天事业中闪闪发光。

*

圆满完成"嫦娥四号""嫦娥五号"的指挥任务后，鲍硕很快又迎来了史无前例的新任务——指挥"天问一号"飞向火星，这是中国自主研发的第一个火星探测器。

为了使"天问一号"能够进入预定轨道，与火星交会，需要让分布在全球的观测站和地面系统差不多近百个站点协同合作。鲍硕的工作就像一根绳子一样，串起所有站点，让他们默契配合，完成每一次的目标：发射，进入预定轨道，等等。

然而每个站点都可能会出现各种问题，需要鲍硕协调处理。有时候电话刚放下，铃声又响了起来，她都是一路小跑着处理各种事情。

鲍硕说给"飞天神器"发号施令看似很酷，其实这背后是巨大的责任和压力。因为指挥调度的每一个动作和指令，都可能会影响航天器的安危，关乎探测任务的成败。

2021年2月24日，"天问一号"成功进入火星停泊轨道的消息登上了各大网站热搜榜。而在这项人类壮举的背后，"90后"女孩鲍硕功不可没。

鲍硕作为北京航天飞行控制中心总调度——对"天问一号"发号施令的人，也因此走红网络，成为许多年轻人推崇的"90后标杆""正能量之星"。

从"嫦娥奔月"到"天问火星"，鲍硕不负青春、不负梦想，不懈地追逐航天梦，终于实现了自己一直坚持的理想。

心中有梦，就能坚守内心的方向；眼里有光，就会抵达温暖的地方；脚下有路，就会开创属于自己的辉煌。

姑娘，人生唯有青春和梦想不可辜负。

请你相信，心怀梦想，努力拼搏，总有一天你也会熠熠发光。

走过春夏秋冬，依旧笑靥如花

文 / 洛洛仙

人的一生要过无数个春夏秋冬，但是每走过一个季节，都会有不同的风景和色彩。

同样的时间里，同样的季节中，你却和别人发生着不同的故事。

有人说："人间的悲喜永不相交。"但是我想对你说，即使无法感同身受，我也愿你走过春夏秋冬，依然能够笑靥如花。

*

曾经听过这样一句话："梦想虽然遥远，但是它一定能够实现。梦想不是火星和月球，而是地面上的一座高山，只要你下定决心了，每天坚持向前走，总有实现梦想的那一天。"

梦想对很多人来说有着不同的意义，有人将梦想视为不可成功的目标，只是把它束之高阁，每天遥遥相望，偶尔想要为了梦想努力一把，最终还是败给了现实。

有人却将梦想视为生活前进的方向，把它日日放在眼前，时时放在心间，一刻不停地为了梦想而努力奋斗，期待着梦想成真的那一天。

其实，不论是哪种意义，梦想始终都是梦想，它是我们心底对自己最美好的期待，也是我们心底对生活最美好的祝愿。

所以，不论你的梦想有多高、多大，只要你心中有梦想，你曾为这份梦想付出过努力，那么，这便是生命中最美的风景。

《国家宝藏》是一个文博探索节目，播出以来，好评如潮。在这个节目中，不仅让人感受到了国家文物的丰富多彩、深厚底蕴，更能感受到那些国宝守护人的辛酸历程，在解开文物神秘面纱的同时，也在揭开那些国宝守护人的秘密。

其中，有一位国宝守护人令我印象深刻，她便是北京服装学院的楚艳老师。

楚艳老师是中国设计业十大杰出青年、中国十佳服装设计师、北京 APEC 会议领导人服装设计师。

在《国家宝藏》中，她为大家讲解了绢衣彩绘木俑，不仅介绍了三尊木俑身上的服装，还给大家科普了古代植物染色的知识。

听着楚艳老师的讲解，国宝也有了不一样的精彩。

但是，这样的娓娓道来，需要有非常丰富的文史知识和文化底蕴做支撑，谁又能知道她在背后花了多少时间和精力呢？

答案一定让我们难以想象，不过这些付出和楚艳老师的梦想比起来，不值一提。因为她说："我们这一代的服装人接受的时装教育甚至审美教育，很大程度上一直在受西方时装设计的影响。时装的话语权一直是在西方，现在是时候找回中国的审美精神了。"

所以，为了这份梦想，她甘之如饴。

梦想之所以被称为梦想，是因为它含有无限的可能。当你为了梦想而努力的时候，你的样子，甚美。

*

梦想是推动我们前进的力量，也是帮助我们坚持下去的动力。

当梦想被坚持的时候，那段执着的时光，即使很苦，也带着甜。

浙江省南湖革命纪念馆讲解员袁晶，从业至今，行程3000多公里，一遍又一遍地讲述着红船故事，一天又一天地传承和弘扬着红船精神。

曾有人问她："每天重复一个故事，枯燥吗？"

她却这样回答："与恢宏的历史相比，一个人的生命尺度是有限的，但在有限的年华中完成有着重要意义的事，能让人生焕发闪光。"

是啊，那些为了梦想奋斗、坚持过的时光，并非白白溜走，而是都留在了我们的生命里，留在了我们的阅历中，因为它们的存在，我们的人生才会更加璀璨耀眼。

正如董卿所言："梦想的道路没有一条是平坦的。"

梦想贵在坚持。

董卿是一位家喻户晓的主持人，主持过很多节目，也说过非常多的金句。究竟是一个多么文采斐然的人才能够这样出口成章呢？

慢慢地，我才知道，董卿在2002年从华东师范大学硕士研究生班毕业，2007年进入上海戏剧学院攻读MFA艺术硕士学位。

1998年，董卿开始主持节目《相约星期六》，直到现在仍然在主持各大节目，其间她也遭受过嘲笑和冷眼，遭受过观众的不理解和恶语相向，但是她仍然为了自己的梦想拼尽全力。

那些为了梦想坚持不懈的人，最终都会看到梦想最好的模样，那段坚持到撕心裂肺的时光，也将成为人生中最甜的时光。

*

梦想的实现来之不易，但是当它真的因你的坚持而绽放的时候，一切都会值得。

很多平台曾报道过这样一个小女孩，将她称为"猪肉店中的芭蕾梦"。

她叫小云儿，是一个乖巧可爱的女孩儿，为了生计，每天早上4点半就起床，跟着妈妈一起经营自家的猪肉店。

她可以熟练地割猪肉、清血水，还会照顾尚在襁褓中的小弟弟。

但是这些都没有影响她的芭蕾梦。

她经常会在猪肉店里翩翩起舞，自己练习芭蕾的基本功，由于天赋异禀，又勤奋努力，她很快就达到了其他舞者需要练习多年才能达到的状态。

当小云儿的事情被报道后，她的才能被发现，云南"彩云计划"的发起人关於、张萍夫妇来到小云儿的身边，亲自辅导她。

最后，小云儿不仅得到了专业的指导，还登上了央视的舞台。

当梦想与现实发生了碰撞，当梦想与坚持擦出了火花，当梦想与成真写在了一起，所有的辛酸和过往，都成了过眼云烟。

所有的辛苦和无奈，都换来了一句"人间值得"。

所以，亲爱的姑娘，不论你现在身处何方，是悲是喜，只要心中有梦想，你就有机会。

人生百态成就了百味人生。一年四季，季季轮转，离开的是时间，不变的是梦想，愿你走过春夏秋冬，依旧笑靥如花。

你会成为另一个你，在你不知道的那一刻

文/韦娜

再见菜菜时，我觉得她成熟了许多。不只是模样的成熟，而是很容易陷入沉思，说起话来更简短、有力。她是我在慈怀读书会工作时的一个同事。第一次见到她的印象是：有很可爱的圆脸，是个大胃王。跟她吃饭，从来不用担心会剩菜，她就像一个吃不饱的"永动机"。

我们相处了短短一年，她就从慈怀读书会辞职，去做了很多五花八门的工作：销售、金融、培训、广告，等等。她每换一个工作，都会给我留言，描述真实的感受和生活的改变。

我们不常见面，但每次见面，她都会带新朋友来让大家认识。菜菜是一个我所羡慕的高情商的社交高手，因为她总能很快地和人熟络，让人对她产生信任。

*

记得有一年冬天，我们在上海一起过年，那也是我们第一次在外面过年。我们包水饺、炒菜、看电影。初二那天，菜菜说："我要赶去莫干山，去陪第二个朋友过年。"我哈哈大笑，觉得那个女孩可爱至极，过个年也要呼朋唤友，那么多人可以陪伴。

我们经常在微信里沟通。每次聊天，我都能感受到她的成长与变化。最初，我和她交流时，她是那么青涩，每次给我留言都是很多条，一条只有一两个字，而且大多是感叹词。

慢慢地，我发现她的留言开始变成了一句话。有时，我问她问题，她不再一个字一个字地"蹦"了，而是连成了一句话。偶尔，我问她问题，她会用长长的一段话来回答我。微信名字也改成了"青山"。我不知道，她一个女孩在这个偌大的上海究竟走过了怎样孤独的路，但在这个过程中，我能清晰地感觉到她的成长与成熟。

*

再见到她的时候，她剪掉了长发，清瘦了许多，沉默了许多，不再是一个喋喋不休的女孩。

菜菜说，自己也不知道为什么会排斥与人交流。之前那么喜欢社交的一个人，突然就对社交毫无兴致了。可能与工作有关。她的工种是销售，这就要求她要在短时间内与人迅速地熟络起来。

她给我讲了许多故事，其中一个我记忆最深刻。在街头，她看到衣着时尚的中老年女性，也就是她的目标客户，她便会靠近她们，让她们对自己产生信赖感。接下来的时间，她会邀请对方出来吃饭、聚会，进而邀请她们听自己公司的课程。在这期间，没有强制买卖，没有恶意销售，只有分享。她一开始并不排斥，觉得这样做很有意思。

然而，就在某一天，街头一个老太太突然恶狠狠地拒绝了她的帮助，对她敌意满满，满嘴咒骂。她突然觉得很恐惧，收拢了所有社交高手的特长。这件事改变了她，她不再那么"鸡血"，那么奋进，那么想认识很多人。她甚至觉得能和身边的人友善相处，已是最大的成就。

后来，她辞掉工作去考研。她开始有一个梦想，期待自己能够顺利地考上心仪学校的研究生，然后离开上海。毕业后，在一个安稳的工作环境里安稳地活下去。

*

我还记得最初认识她的时候她那种热情四溢的模样。短短几年，怎么会判若两人？可能这也是一种成长，认识到自己是一个普通人，能够过好普通的人生，就已足够。人生注定有人闪闪发光，有人默默做事；有抬头仰望星空的时刻，也一定有低头走路的时光。

在这个秋天的下午，一股寒流突然来袭，明明昨天还穿着夏日的裙装，今天就有了初冬的寒意。换上风衣，我突然感觉到了一种压力。

从前很多相处愉快的小伙伴，从我们公司这个平台纷纷飞了出去寻找自己理想的人生。大家都变得更为坚强、坚定，更能认清自我和未来的路。我很欣赏这些在年轻时愿意尝试、折腾的人，是他们让世界充满了更多的可能性，让未知多了几分神秘感。

*

但我依然感慨，从一个文艺少男少女到一个沉稳的社会人，中间相隔好像也没几年、几步。仿佛昨日我们还坐在一起谈论鲍勃·迪伦的音乐与写作，今日已在讨论是继续留在上海还是回到家乡；昨日还在一起做梦，今日不仅已醒来，更要快步向前，做出决定。

真的没用几年，这些新鲜可爱的年轻人，就走完了这段晃晃悠悠的青春岁月。我不禁心疼那些漂泊在陌生城市的年轻人，也心疼已走过巨变的自己。

每到一年结束时，我都会感慨：时光真的是无情啊，人生也无情，就在这夹缝中，仿佛我们无形中都成了无情的人。仿佛你必须冷漠、寡淡，与一切事物保持距离，收敛好张扬的欲望，才可以安妥地过完这一生。

但我依然怀念那些从我的生活中退场的老朋友，那些刚到这个城市、充满期待的年轻人，他们仰着脸，拥有莽撞的热情、闯荡的决心、自命不凡的信心，以及认真追求梦想的执着。

但愿你我，不管走多远，走到人生哪个阶段，回忆起来都是骄傲的，而不是悔恨不已。更愿你我，不管身处怎样的困境，都能拥有时刻安慰自己的能力。

静静的木棉树

文/黄小麦

多年以后，夏菊又回到了这所小学，来到了这棵木棉树下。

已经是3月底，木棉树开始无遮无拦地绽放着一朵朵红花，火红又热烈，跟20年前的春天一模一样。

刚好是放学时间，操场上三三两两地走过一些孩子，恍惚间，夏菊感觉自己还是一名小学的代课老师，正要带着学生们去操场上参加歌咏比赛。

微风一吹，有木棉花瓣落了下来，夏菊的思绪，也跟着掉回了20年前。

＊

那时候她刚18岁，上一年高考失利，如今闲在家里无事可做。有一天村长过来找阿爸，说村里的小学正缺语文老师，问夏菊能不能去代课。阿爸问夏菊的想法，夏菊很喜欢孩子，就答应了。

那天她绑着两条长长的辫子，穿着一身翠绿的碎花裙，轻快地跃上讲台："同学们早上好，我叫夏菊，从今天开始就是你们的语文老师了。"

"老师，菊花不是秋天才开放的吗？为什么你叫'夏菊'呢？"

"因为啊，老师的妈妈特别喜欢菊花，但是我们家姓夏，所以就叫'夏菊'了。因为我，所以夏天也开始有菊花了啊。"

孩子们轰的一声笑了起来，夏菊一转头看到了窗外那棵木棉树，树上正开着一朵朵鲜红的花，在春风中轻轻摇曳，似乎也在欢迎着她。

她课上得很认真，孩子们特别喜欢她。她的语文课是最受学生欢迎的，几乎每次统考，她们班的平均分都是最高的；学校每次举行活动，孩子们的表现也相当争气。

窗外的木棉花谢了又开，开了又谢。

一晃两年过去了。在一个飘着木棉花絮的傍晚，夏菊处理好学校的事回到家，发现家里来了两个陌生人，年长的那个还一直打量着她。

客人坐了一会儿就走了，阿妈拉着夏菊，悄悄跟她说："他们是来给你说媒的，村头蜜饯厂老板的儿子，在蜜饯厂做管理，听说小伙子人很实在，大你两岁。先处着看看，等过一两年到了年纪就可以结婚了。"

夏菊突然间打了个冷战，她一下子清晰地看到了未来整个人生的脉络：嫁给蜜饯厂老板的儿子，结婚后生孩子，可能要生好几个，然后就不去学校代课了，专心在家带孩子，等孩子慢慢长大了，她也老了。没事的时候，就像村里有的妇女那样，在村头嗑着瓜子，聊着东家长西家短……

"不！这绝对不是我想要的人生。"

想到这，夏菊跟阿妈说："我还不想谈对象。"她一口气跑回学校，在木棉树下坐了很久很久。一整个晚上，木棉树都静默地陪着她，不断把棉絮洒在她的头上、脸上……

夏菊做了个决定，等这个学期结束，就辞职去城里打工。

阿爸阿妈不同意，但是夏菊非常坚决。在一个盛夏的早晨，她留下一封信后，不辞而别。

*

城里可真大啊，出了火车站，站在车水马龙的路口，夏菊看着这个灯红酒绿的花花世界。她有点不知所措，想到村小学里那群淳朴可爱的孩子，想到那棵木棉树，不禁鼻子有点发酸。

同村的小丽过来接她，帮她在超市里找了个收银员的工作。小丽在超市旁边的城中村租了间房子，夏菊跟她一起住，分担一半的房租。

工作了一段时间，夏菊攒了一些钱，开始参加成人考试。她只有高中学历，便先从大专考起，十几个科目，一年可以考两次，一次报四个科目，夏菊决定用两年的时间拿下大专文凭。

那是一段怎样的日子呢？真的很苦，每天都要在超市工作10个小时，下班后回到出租屋，就赶紧翻开书本复习。吃点儿从超市买回来的打折面包，喝几口凉白开，就是一顿晚餐了。

读累了的时候，就站在窗口，透过城中村挨挨挤挤、高低不同的楼顶，朝着家乡的方向望去，似乎可以看见阿妈做饭时升起的袅袅炊烟，似乎可以听见学校里那群孩子朗朗的读书声，甚至又闻到了那棵木棉树上的花香。

城里的月光，从窗口透进来，照在她的脸上，那张脸已经褪去了当年的明艳俏丽，只留下一脸的坚毅。

小丽和超市的水产送货工谈起了恋爱，很快搬了出去。她一直很不明白夏菊为什么要过得这么苦，衣服也舍不得多买两件，每天都吃最便宜的饭菜，更别说买点女孩子该有的化妆品了。

"你说你这样，跟个苦行僧一样，有什么意义呢？你还是找个人结婚，好好过个日子吧！你看超市的王组长，就对你挺有意思的。"

夏菊微笑着摇了摇头，她已经自学完大专的课程了，接着就可以自考本科了。她仿佛看见生活在她面前慢慢撕开了一个口子，她要不顾一切地钻出去，找到属于自己的那片天地。

拿到大专毕业证书后，夏菊马上换了一份工作，到一家公司当市场策划员。工资高了一点，工作却更加辛苦了，每天都要跑各种地方做市场调查。不被人理会是家常便饭，有时还要遭受白眼，甚至有一次在商场的一楼，有个急着赶路的女士还吼了她一句"你真无聊"。

夏菊有点不知所措，她木然地站在那里，商场里人来人往，没有任何人理会她。

慢慢踱回出租屋，在破旧的沙发上发呆了很久，一抬头，夏菊突然看到墙壁上的那行字：所有杀不死你的，都将使你更加强大。

夏菊又想到学校那棵木棉树，"有一天，我一定会骄傲地回到那里。"

*

夏菊更加努力了，每天一下班，她就跑到市图书馆复习；周末的时候，她就跑到附近大学去旁听讲座。

她的人生，终于慢慢按照她的计划走向了她想要的样子。

自考本科毕业后，她找到了心仪的工作，是一家公司的财务管理。又是一个新的挑战，但是这些年来，面对那么多困难，哪一次不是被夏菊咬着牙挺了过去？

她工作细致周到，肯吃苦，不计较，很快从公司的新人中脱颖而出，被领导委以重用。

在这家公司里，夏菊遇到了她的先生，他是这家公司的高级经理。先生家教甚好，公公是大学教授，婆婆是中学化学老师。

一家人都很欣赏夏菊，婆婆经常说："夏菊啊，你身上真的有股菊花的独立和执着之气。"

*

是的，经过岁月的淬炼，夏菊早已不是当年那个稚嫩倔强的小学老师了。现在的她，经过这么多年的磨砺，看起来更加自信和从容，似乎浑身都散发着一种光芒。

如果不是这么多年的努力和奋进，现在的她，不知道会是什么样子？

也许早被学校辞退了，去蜜饯厂打工；也许生了好几个孩子，每天沉沦在柴米油盐中，过着琐碎的日子。

想到这里，夏菊望向不远处，先生正陪着儿子，到处捡被风吹落的木棉花。

她轻轻地松了一口气。

生活再难，也要心怀希望

文/子玥长安

人生的厚度和定力是女性自身积累的财富，无论什么年纪，都要活出自己的姿态。

妈妈目不识丁，却培养出了一个博士、一个博士后和一个名牌大学本科生，这是她毕生最引以为傲的事情。可是，子女们知道，这背后满蘸着妈妈的血泪。

我是"80后"，有一个妹妹和弟弟。我刚出生的时候，爸爸在外地当兵，妈妈和奶奶住在老家。婆媳不和，再加上头胎生了女儿，在重男轻女的农村，妈妈孤苦无援，凡事只能靠自己。

*

据妈妈回忆，月子里她就得挣扎着出去挑水、做饭、干活。奶奶骂骂咧咧地不帮忙就罢了，还把爸爸寄回家的家用全部据为己有。妈妈只有靠着娘家人的接济，才勉强把日子熬过去。

好不容易熬到爸爸复员，他又被安排到了千里之外的大西北工作。妈妈只能继续做着"望夫石"，独自养育孩子们。无人可靠，无钱可用，这样的日子里妈妈流了数不尽的辛酸泪。她又是个要强的个性，再苦也咬牙坚持，绝不服软，但吃的苦、受的罪在她身体里烙下了深深的印记。

好不容易结束了两地分居的生活，一家人终于团圆了。那年，我6岁。妈妈已是一身伤病，生活把她折磨得卧床不起，医生甚至断言她这辈子都得躺在床上了。可是妈妈不认命，一想到三个年幼的孩子，妈妈就逼着自己使劲折腾，竟这样奇迹般地一点点好起来，能下地行走了，能干点活了。

甚至到后来艰难的岁月里，为了生活，她都能咬着牙用严重变形的胳膊干起了搬运煤气罐的苦活。这种活通常是男人干，可是，我那体弱多病的妈妈胳膊关节都变形伸不直，却每天周而复始地扛着沉重的煤气罐，再苦再累，也绝不偷懒和懈怠。难以想象，那个瘦弱的身躯里隐藏着多么惊人的能量！

*

妈妈很爱孩子们，为此吃多大的苦、受多大的罪都无所谓，在家里生活条件不好的那些年里，她可以忍受别人的嘲讽捡拾纸箱破烂换点钱，就为了给孩子们买点零食、水果改善生活。

在妹妹年幼遭受泼妇打骂时，哪怕妈妈是病弱之躯，都毫无畏惧。她像一头发怒的母狮子一样，冲上去和人高马大的对手拼命，伤痕累累都不罢休。那股气势生生吓怕了那个泼妇，以后见到妈妈都绕道走，再也不敢欺负她的孩子们。

妈妈聪明肯吃苦，干事又麻利，没上过一天学却能在摆摊卖菜时算账又快又准。

妈妈小时候家里困难，舅舅们去上学了，而她只能在家干农活。她是那样渴望上学，偷偷拿了家里的钱交给老师，欢天喜地地上了半天学，就被外公外婆发现了。他们气冲冲地追到学校要回了钱，还狠狠打了妈妈一顿。

妈妈常常遗憾自己没有受教育的机会，吃了太多没有文化的苦，所以对我们的学习格外上心，努力做好后勤保障，全力提供支持和帮助。为了让我们安心学习，妈妈再苦再累都舍不得让我们干家务，自己咬牙坚持，只是叮嘱我们好好学习就行。

从小到大，妈妈没法辅导功课，我们姐弟三人的学习都是自主完成。邻居们常常羡慕地问妈妈："你都给孩子们吃啥呀？个个学习这么好，这么省心？"

每到这时，妈妈的脸上就绽放出一朵灿烂的花，开玩笑地回道："多吃鱼，孩子更聪明！"其实，在那些年里，哪有那么多鱼可以吃呀？！

其实，是妈妈的言传身教，那种面对困难也绝不放弃的狠劲感染了我们。妹妹当上区三好学生发言时，自豪地说："妈妈是我的榜样。她说过一句话：我就是走路都不愿落在后面。"

现在我自己当了母亲，回想着妈妈这一路走得那么艰辛！她对孩子们的这种爱是多么纯粹而珍贵。她硬是在生活的泥泞里，凭着无条件的爱、信念和韧性，抗住风霜雨雪，奋力托举孩子们，开出了灿烂的花朵。对妈妈，我深深地感恩、钦佩和心疼，在我心里，有这样的妈妈是莫大的幸福和幸运。

＊

由天涯海角到茫茫戈壁，燕子衔泥筑巢般养育子女，跟着爸爸在外漂泊大半辈子，妈妈最大的心愿就是叶落归根。梦想成真的时候，她已然步入了老年，两鬓斑白，步履蹒跚。

原以为，可以就此安享晚年了，却天不遂人愿。回到老家没多久，奶奶就中风瘫痪了。

爸爸决意要回到农村老家照顾奶奶。妈妈却不愿意。她一桩桩、一件件地历数辛酸往事。妈妈在奶奶手底下尝遍世间百味，唯独少了那一点甜。

想当年，爸爸在外当兵，妈妈在奶奶家，受尽了冷待。她连月子里都是自力更生，时不时还得忍受奶奶的冷嘲热讽、明里暗里使绊子。为此，妈妈落下了一身病痛，差点儿丢了命，胳膊、腿脚都严重变形，再也伸不直了。

尽管再怎么意难平，妈妈还是跟着爸爸回了一趟农村老家，见到奶奶的惨状后，居然心一软改变了主意。就此住下来，他们开始了伺候奶奶的生活。这一伺候，就是整整3年。

这段日子，远不是三言两语可以道尽个中滋味的。奶奶的脾气依然大得出奇，身子动弹不了，抱怨呵斥却不绝于耳。

农村生活条件一般，屋里不通水、不通气。妈妈得一担担去远处的水井边挑水回家，烧水做饭还得捡柴火烧。奶奶瘫在床上，吃喝拉撒样样离不开人。

身体上的累尚且勉强可以忍受，那种心理上的折磨简直令人时不时游走在崩溃的边缘。

无论妈妈怎么精心照料，都暖不化奶奶那颗冰冷的心。奶奶逢人便唠叨，她倒了八辈子霉，摊上个恶媳妇——妈妈是如何苛待她，连饭都不给她吃好吃饱，如此这般，诸多不是。

不明就里的乡邻信以为真，七嘴八舌地说三道四，气得妈妈眼泪直落，有苦难言。她默默咽下这些委屈和无奈，尽心尽责地埋头操劳着眼前事，不再理会众人的议论。

直到有一次，奶奶在院门口躺椅上晒着太阳，一边还喋喋不休，颠倒黑白，数落着妈妈"莫须有"的罪状。亲戚邻里在一旁看热闹不嫌事大，一味煽风点火，糊涂的爸爸也对着妈妈大发雷霆。

那把火烧得妈妈伤心欲绝。妈妈孤立无援，心伤透了，比黄连还苦。她一气之下，发狠话撂挑子打算走人。这下，之前风言风语的亲戚们着急了，立马调转风向，纷纷说起了软话，力劝妈妈留下来照顾奶奶。

久病床前无孝子。这些指手画脚的亲戚们都生怕爸爸妈妈撒手不管后，他们沾上奶奶这个大麻烦。毕竟，亲戚们心里的小算盘都打得啪啪响：有这时间精力赚钱养家不比照顾病人强得多？奶奶生活无法自理，大小便失禁，动不动就弄得屋里臭气熏天，关键是这脾性也是又臭又硬，最喜吹毛求疵，鸡蛋里挑骨头。

妈妈心肠软，架不住众人左劝右劝，再看看奶奶瘫在躺椅上的惨淡模样，叹口气，还是咬咬牙留了下来。

就这样，在妈妈的精心照料下，奶奶度过了生命中最后的3年时光。造化弄人，奶奶怎么也想不到，人生最为惨淡的时光里，竟然是她最为嫌弃的儿媳妇陪伴在身边，不离不弃。

弥留之际，奶奶摘下了臂上的镯子，颤颤巍巍地递给妈妈，浑浊的双眼中满是柔和的光泽。这光泽是妈妈第一次在奶奶眼中见到，也是最后一次见到。

那一刻，往事随风飘散，柔光之中，恩怨是非都化作了一缕清风。妈妈释然了，黑瘦的脸上绽放出欣慰的笑，眼睛里分明有晶莹的泪花在闪烁。

*

如今，辛劳一辈子的妈妈依然在奔波，为子女们，为孙辈们……

风风火火、起早贪黑干活的妈妈，连吃饭都是风风火火的，因为时间永远不够用。

我们姐弟三人的生日，妈妈永远都记得清清楚楚，生日那天一早必定会打电话叮嘱我们吃一个煮熟的红鸡蛋，讨个好彩头。

只是，妈妈怎么都记不住自己的生日。印象中，她从没给自己过过生日，有的只是日复一日、年复一年的奔波劳碌。

如今，我们姐弟三人分散在天南海北，各自成家立业，忙碌于自己的生活。家人相聚都变成了奢望，也成了妈妈最大的心愿。

期待，今年妈妈的生日，我们能团圆，好好庆祝一下，为亲爱的妈妈举杯祝福！

05

辑五

做自己才是真正的勇敢

做自己才是真正的勇敢

你有没有过彷徨，到底应该做自己喜欢的事情，还是做父母认为"对"的事情？

你有没有过迷茫，未来扑面而来，你还没有做好准备，不知道可以去哪里，不知道自己能做什么？

只工作，不上班；做一份自己热爱的事情，不用朝九晚五地打卡上班；有事情可做，没有过多的束缚；有收入，又可以自由支配时间。这是很多年轻人梦寐以求的神仙状态。现实中真的有这样的好事吗？

*

1992年出生的林安和很多年轻人一样，也曾经有过迷茫。大学毕业那会儿，她在找工作和自由职业者之间犹豫徘徊了许久。

她并不想像身边的朋友一样按部就班地找一份工作，然后结婚、生子，过着千篇一律的模板式生活。她想要成为自由职业者，可是又不知道从何入手。

于是，她发起了一个采访，先去了解100个自由职业人，想了解他们是怎样工作、怎样生活、怎样获得收入的。

接受她采访的人形形色色，有自媒体人、自由作家、潜水师、咖啡店店主，还有沙画师、花艺师、旅行博主等。林安把他们的故事写成图文稿，或者做成短视频。

她的微信公众号吸引了很多读者，在豆瓣拥有近4万的粉丝，在知乎的帖子上更是拥有5.5万个赞。她把采访的人物故事出版成书，并成为自媒体大平台的长期合作作者。

林安虽然还没有完全财务自由，但已经能在上海过着自由自在的生活，有热爱的工作，可以一年有2～3次国外旅游，这样的生活还是让她很惬意。

如今，林安搭建起了一个自由会客厅，为自由职业者们提供了一个交流的平台。如果你去过林安的会客厅，就会发现这个世界上有很多不上班，对生活充满热情的、有趣的年轻人。

人生有很多版本，却不一定要选择固定版本。有的女孩仅仅是因为迫于社会压力，就放弃自己的梦想，痛苦地演着自己并不喜欢的脚本。

因为她们知道，非标准版本会面临很多质疑的声音。她们的"敢作为"也许会变成"不靠谱"，她们的"有想法"也许会变成"太自大"。面对这些质疑，她们没有很大的勇气。

但是，姑娘，若在夜深人静的时刻，你听见内心深处灵魂的叩问时，不妨试着对自己说："做自己吧，因为这是你的人生！"

林安是幸运的，她听见了自己内心的声音；林安是勇敢的，她选择听从了自己内心的声音。

我们不可能成为让所有人满意的人，但至少我们可以成为一个让自己真正快乐的人。活出属于自己的不标准人生，拥有自己的1.0、2.0、3.0版本，这才是人生本该有的样子。

*

廖智是汶川大地震中走出来的"截肢舞后"。

汶川地震当天，她和婆婆在院子里逗孩子玩。地震发生的那一刻，她眼睁睁地看着女儿随着塌陷的房子落入地底。她在黑暗中摸到了孩子冰冷的身体，欲哭无泪。

她在废墟中坚持了26小时后获救，当时她的双腿已经毫无知觉。由于身边没有家人，廖智自己平静地签署了同意截肢手术的文件。作为一名舞蹈老师，她明白这意味着什么。

虽然命运给了她狠狠一击，但她依然没有放弃自己的梦想。

在重庆治疗期间，廖智每天忍着剧痛，练习在大鼓上舞蹈。由于刚做完截肢手术，恢复期太短，每一次站立几乎都耗光了她全身的力量。每天3小时的练习，如同在刀尖上舞蹈。

母亲见她如此痛苦，劝她放弃。可是她咬着牙默默坚持下来。终于，在10万网友的支持下，她完成了为家乡义演的《鼓舞》，并通过义演为山区的乡亲们筹集到了一批冬衣。

如今，这位"无腿舞后"依然活跃在舞台上，并主演了CNTV的微电影《鼓舞》。她说："我希望用我独特的生命去影响更多的生命，我相信这是上天让我活下来的目的！"

在廖智身上，我们能清楚地感受到那股蓬勃的女性力量——坚韧、果敢、柔软、真实、美好……

这力量就像是蜿蜒的河流，可以静静流淌，也可以奔流不息。

面对苦难，女性更倾向于迎难而上。她们有忠于内心的勇气，也有实现梦想的底气。

廖智在她的快手简介里写道："因为活得太浪漫，小腿流浪去火星了。""愿你从我的日常分享中找到前行的勇气。"她的乐观与自信几乎溢出屏幕，哪怕她失去了身体的一部分，也从未放弃过人生的任何一部分。

就像《朗读者》节目中所说："女性的眼睛既可以温柔地注视痛苦，也可以锐利地俯瞰繁华。女性的双手既可以烹饪出流转的美味，也可以指挥行进中的航船……她们既宜室宜家，也为国为民。"

女性是最平凡的超人，是最普通的英雄。她们用行动为自己加冕，并宣告世人：爱我所爱，为之努力，这跟性别没什么关系。

*

人们总是习惯用年龄判断一个人的生活状态，或者被年龄束缚住自己。但是有的人就是不在意衰老的身体，因为她拥有鲜活丰满的灵魂。

就像108岁的日本传奇女性笹本恒子。她出生于1914年，整个人生跨越大正、昭和、平成、令和四个时代，两个世纪。

她的父亲经营着一间和服店，家庭条件并不宽裕。恒子读完中学后，想继续到大学深造。可是当时日本妇女的地位低下，大多数女子都是读完高中就准备结婚，做全职家庭主妇。父母都不支持她继续读书。

恒子只好一边准备婚嫁，一边帮报社做插画工作，由此接触了摄影。当时的日本没有一个女性新闻媒体工作者，抛头露面外出工作的女性都会遭到旁人的指指点点。恒子并没有因此退缩，而是勇敢地拿起相机。26岁的她成为日本首位女摄影记者。

婚后，恒子几经坎坷，做过服装设计师，开过店，两任丈夫相继去世后，71岁的她重拾心爱的相机。100岁时开了自己的摄影展，102岁时获得国际摄影界的奥斯卡——露西奖"终身成就奖"。

恒子的一生，满是跌宕起伏的充盈，她忘记了性别，不愁老之将至，把自己活成了一段传奇。

人生丰盈的人，年龄只不过是人生的计数器。经历过繁华织锦的人世，便不再惧怕时光。

　　所以，姑娘，迷茫的时候也别慌。世界广大，余生且长，总会有人因为你是你而喜欢你。

　　愿我们都能拥有成为自己的勇气，在各自的生命中，活出自我；在彼此的热爱里，闪闪发光。

梦想从来都靠自己成全

文/苏莉

很多人都有自己的梦想，但往往不能实现。

我们对未来的生活有很多恐惧，所以大多数时候，都会待在自己的舒适区里不出来。

但有时候，不一样的选择，才会让我们往更好的方向野蛮生长。

新精英机构的职业生涯规划师娜里跑老师，曾经有一份稳定的体制内工作。但她发现这样一眼望到头的安逸生活，并不是她想要的生活方式。

她是一个向往自由、喜欢创造的人，帮助别人去成长，要比为领导写一份公文更让她激动。

经过长时间的思考，她终于还是选择了离职。

不顾父母的反对，她只身一人来到成都。她希望找到一份能让自己感到有价值的职业。整整三个月，没有一分钱的收入，她也曾质疑过自己当初的选择，也曾非常迷茫和痛苦。但她没有逃避，而是选择了直面内心的恐惧，最终明确了自己需要确定一个清晰的职业方向。

当你想做成一件事的时候，全世界都会来帮你。

当快撑不下去的时候，娜里跑去参加了一个职业规划培训，认识了一个课程助教，这个助教后来带她认识了一些职业咨询师。他们之间的对话给了她很大的启发。

在这时候，娜里跑老师终于明白了，帮助别人做职业规划就是她要去努力的事业方向，也是她的人生使命。

后来，她开始了与几位职业咨询师的创业之路，经过三年的努力，她已经成为一名优秀的职业生涯规划师，还出版了自己的作品，活成了自己想要的人生。

很多时候，我们只要下定决心去追逐梦想，全世界都会感知到，更会来帮你。

梦想，从来都要靠自己去成全。

＊

我们每个人都希望自己能在热爱的领域里，尽情地玩耍。

但很多时候，我们可能会被各种各样的障碍挡住前行的道路，从而停滞不前。

不要怕，梦想其实就在那里，在等你的到来。

《华西都市报》曾经报道了一个"雪豹女孩"姜楠监测雪豹

的故事。

雪豹是一种野生动物，它们通常会出没于高原的崖壁或者山脊上。青海省的玉树市是最容易遇到雪豹的地方。

2019年，年仅27岁的女孩姜楠来到这里，她和同事们要做很多工作。他们需要在一周之内检查云塔村的20个相机位点，更换电池与储蓄卡，回收红外相机素材，并新增了25个相机位点等。

这样的工作看似简单，其实非常辛苦。姜楠需要在海拔4000米以上的高原上翻山越岭，行走在雪豹经常出没的地方，密切留意是否有雪豹的标记出现。一天翻越三座山，是她工作的常态。

事实上，姜楠是个有恐高症的女孩子。她常常会在下山时面露难色，但她从未因为恐高而完不成任务。

而她遇到的障碍远不止这些，相机设备的损坏，与当地牧民的沟通，都会让她遇到各种各样的问题。但她从不气馁，反而认真维修与检查各种设备，还教会牧民朋友如何安装相机和更换电池，帮助他们建立起保护野生动物的意识，也让当地人更加喜爱雪豹了。

姜楠从不认为这些是辛苦的事情，而是她毕生要去为之努力的事业。未来，她想重回校园深造，攻读博士，研究更多动物保护事业的相关知识，让自己在这个领域里能够发展得更好。

这样一个女孩，为了自己热爱的事业，不辞辛苦，甚至克服了自己恐惧的事情，拼命为了梦想努力，这难道不令人钦佩和感动吗？

努力很重要，而愿力比能力更重要。

坚持自己心中所爱，不断克服艰难险阻，不断努力成长，最终成为自己最想成为的模样。

*

当我们在为自己的梦想匍匐前行时，往往会遭遇身边人的讥讽，外界不理解的目光。我们可能会感到迷茫，甚至想要放弃。但只要你不放弃梦想，总有一天，你会看到成功，它不会辜负你的努力。

人民网曾经点名表扬了一名云南女孩林果儿。

"90后"的林果儿自小就喜欢研究各种机电设备。在她小时候，每次遇到停电，大人们就会拿出柴油机，拉动长绳，机器就会轰响，电就接上了，屋里也亮起来了。

这样的时刻，点燃了林果儿心中对机电的热爱，她发现，研究机械运作是她最快乐的事情。

但因为家里条件不好，林果儿在读高中时差点儿辍学去打工。但好在她的姑妈及时劝说了她，林果儿最终决定边打工边上学。

由于对机械极其感兴趣，林果儿考上了昆明学院的水利水电工程专业。在偶然一次回乡期间，她用手机发布了一个家乡春天美景的视频，意外爆红。从此，她开始进入短视频，拍摄、分享自己建造竹屋和修理机电的视频，从此走红。

展现乡村生活的视频博主并不是很多，林果儿自己动手建造竹屋、修理电器，还把木工、瓦工、水电工的活儿样样都做得很好，也许做得太好了，反而遭到了大众的质疑。

但她并没有被击倒，而是调整了状态，重新做了整理与规划，做了一些内容上的改变，把她自己喜欢的乡村生活展现出来。

随着乡村网络的普及与短视频的火爆，大家逐渐认可了她的这份工作，网络上友善的鼓励也越来越多。现在的林果儿，踏实地稳步前行，也活出了更加自信的自己。

在她身上，我们看到了为梦想而充满干劲的拼搏精神，一股咬牙坚持不服输的力量。

余生，做一个自带光芒的女子

文/高超俐

罗曼·罗兰说："宿命论是那些缺乏意志力的弱者的借口。"

不想去努力改变，所以一切的不如意都有了一个刚好贴合的宿命论借口为自己完美开脱，一切都变得理所当然。

但大家忘了一件非常重要的事，你作为自己生命的总导演，都不愿意给自己一次重生的机会，那些美好的生活、幸运的事又怎会向你抛出橄榄枝，降临到你身上呢？

有一个拥有千万粉丝的网红女孩杨莉，4岁半时因为误触变压器，失去了双臂。从此成为孩子眼中的异类，一个断了翅膀的天使。

即便如此，杨莉也没有向命运低头，她在妈妈的不断鼓励下，迎风搏击。通过日复一日的练习，在千锤百炼之下，她学会了用脚代替手，独立完成梳头、洗漱、化妆、写字等日常活动。

高考时，她在学校特制的矮凳上用脚答完了全部试卷，最终以514分的成绩考入她心仪已久的安徽农业大学。

　　大学毕业以后，杨莉看着起早贪黑打工的母亲十分心疼，她决定出去找工作减轻家里的负担。可是当她用脚拿东西给顾客时，经常会收到别人异样的目光，无奈之下老板选择将她开除。

　　那段时间屡屡受挫的杨莉内心极度崩溃，面对不公平的对待，她也曾一度对这个世界产生恐惧，人生进入了灰暗期，仿佛一下子掉入了万劫不复的深渊。

　　但上天是公平的，当它给你关上一道门时，一定会给你打开一扇窗。就在杨莉迷茫不知所措时，短视频的出现，成为照亮她生命的一束光，改写了她的命运走向，她迎来了自信敞亮的人生。

　　从2016年起，杨莉开始在网上分享自己的生活日常，大方地让大家了解她的生活；她坚韧不拔的精神影响了很多人，很快就获得了很多网友的鼓励和支持。如今，杨莉已经成为一个坐拥千万粉丝的网红，被网友亲切地称为"励志小姐姐"。她用自己的勇敢突破了自我，改变了命运，传播了正能量，活出了自己想要并令人羡慕的精彩人生。

　　世界上没有那么多好运气，那些光鲜亮丽的日子背后，都是无尽的坚持以及无数次挣扎之后的持续拼搏。

　　宿命论不过是给自己的懒惰找的完美借口，你可以对自己撒谎，但世界不会陪你演戏。

　　当你下定决心去改变，并勇敢前行后，或许你不能做到像杨莉那样光彩夺目，但你一定可以收获一个属于你的精彩且骄傲的人生！

*

看到那些在舞台上光彩夺目的人，大多数人都会羡慕，然后觉得成功与自己之间遥不可及，也认为美好的生活就是为幸运者量身定做的。

但事实并非如此，这些想法一开始就错了。过度的否定自己，就是对"努力自律"四个字的亵渎。

鲁迅说："所谓天才，只不过是把别人喝咖啡的工夫都用在工作上了。"

当你在熬夜刷剧时，别人在挑灯夜战、奋笔疾书，距离就是这么一点点拉开的。

爆红网络的美女学霸湘妹子黄雨桐，曾以七科满分的成绩成功考上了英国剑桥大学。可是她并不是天生就具有超凡的能力，能够取得这样的成绩，一切都要归功于她的努力和自律。

她的父亲是一名医生，经常需要查阅各类英文医学书籍，受到父亲的熏陶，她从小也养成了爱看书、爱学习的习惯。

高度的自律习惯，使黄雨桐以全校第一、七科满分的成绩顺利考上了剑桥大学数学系，成为大家口中令人叹为观止的传奇学霸。

她的成功验证了一句话：优秀的人往往都在默默地努力。

世界上没有人能随随便便成功，只是那些特别优秀、令你神往的人都比你更加努力罢了！

一个内心坚定的人，哪怕前路茫茫，也阻止不了她前进的脚步。因为她相信自己可以，也会用尽全力去拼搏，直到梦想成真的那一刻。

自律是自悟的最高境界，懂得自悟的人才有机会成功，而懂得自律的人必将会成功。

当你践行自律时，你的人生也就开挂了！

*

人生不易，每个人都难免会经历至暗时刻，但只要不轻言放弃，那么生活也会奖励给你一朵小红花，让你迎接一个喜出望外的结果。

你或许没有一个好的出身，但只要你愿意，你就可以依靠后天的努力去扭转自己的人生。

2018年，来自河北枣强县的寒门才女王心仪，以707分的成绩被北京大学录取。当学校给她送录取通知书的时候，她竟然只身一人在异地打工挣学费。

王心仪的妈妈身体虚弱，经常生病，全家人都靠着五亩地和爸爸平常打零工为生。因为家里情况比较困难，王心仪从来没有参加过补习班，她经常利用课余时间学习，立志用知识改变命运。

自律促使她学习进步飞快，各种奖状、证书贴满了家里的墙壁。当邻居家的孩子在玩耍时，她就在家里帮着做家务、放羊、耕地……从小就特别懂事。

即便条件艰苦，从小就失去了玩耍的时间，承担了一份家庭责任，王心仪也从未有过抱怨。她还乐观地说："生活处处会遇到阻碍与坎坷，当看似生活在刁难你时，不要怀疑，它只是想让你更茁壮成长。抱怨没有用，一切只能靠自己。"

只是一句简单的话语，却藏着女孩背后的那股不服输、与命运斗争、向梦想一步步靠近的坚定力量，这样的人又怎会不成功呢？

有首歌是这样唱的："有时掉进黑洞，有时候爬上彩虹，在下一秒钟，命运如何转动，没有人会晓得；我说希望无穷，你猜美梦成空，相信和怀疑总要决斗……"

你都没有尝试过改变，又凭什么觉得自己做不到？如果你觉得不可能，那结果会和你想的一样，梦想永远都不会实现。

但只要你相信自己可以，那么一切都不是问题。毕竟坚定梦想，并为之努力前行的人，生命都会开出灿烂的花朵。

余生，请让自己活成一个自带光芒的女子！

只要足够努力，幸运不会缺席

前段时间，一位女孩在接受记者采访时，不停地抱怨自己明明能力很强，为什么还经常遭同事泼冷水，难道是嫉妒自己太优秀吗？

记者反问："你从哪些方面来证明自己能力很强的？"

女孩自信地说："我家庭条件好，吃穿不愁，工作也是家人安排的，不怕失业，有钱有工作，难道还不能证明我能力很强吗？"

听到这里，记者很无奈，将家庭的能量直接转移到自己身上，抛开家庭一无所有，这样的人生无疑是可悲的。

父母可以陪我们一阵子，但不能陪我们一辈子，一旦父母不能给予我们想要的一切，而自己又没有能力面对生活时，你靠什么活？

如果你觉得自己很有钱，私底下算一下，有多少是靠自己努力挣来的？如果你觉得自己工作好，闲时想一想，如果没有家人安排，你又有什么本事胜任当前的工作？这种靠施舍而来的人生，真的是你想要的吗？

即便家庭条件再好，一个人也得有能力接住，而有了这种自信，还怕别人泼冷水吗？

很多知名人士，明明已经生活很富足了，为什么还要努力？因为他们知道，未来还有更大的可能。而这种可能，只能靠自身的不懈努力去得到。

人生在世，总要给自己留条退路，而这条退路，只能自己去努力开拓。

所以，不论你拥有怎样的人生，也一定不要停止努力。

*

那些看起来不起波澜的日复一日，会在某一天让你看到坚持的意义。

一个人的潜力是无限的，关键看你是否舍得对自己下狠手。

某位视频大咖，每天都会在抖音上发段子，哪怕只是沿途风景随手拍，也从未间断过。

他翻看几十本书，熬了几个晚上，只为写出满意的文案；他报了视频学习班，没日没夜地学习，只为拍出好看的视频；他游走于多个城市之间，不辞辛苦，只为找到合适的素材。

虽然过程很累、很辛苦，短时间内看不出任何效果，可他却乐不思蜀，一如既往地坚持着。

很多人问他："这种劳而无获的坚持，究竟有什么意义？"

他的回答让这些人沉默了。他说："因为我知道自己想要什么，所以我更加坚信，只有坚持，才能看到希望。"他早已将坚持看成是实现梦想的唯一途径，所以才会比其他人更加努力。

我们经常会看到两种人：第一种是不知道自己想要什么；第二种是明明知道自己想要什么，一旦看到前路漫漫，就很难再坚持，索性直接放弃了。

人生在世，只有区区几万天，如果连梦想都没有，还谈什么未来？没有梦想就没有动力，没有动力就没有希望，这样的人生毫无价值可言。

既然人生很短，就应该好好珍惜每一天，做想做的事，见想见的人，这样的人生，才有意义。

一旦确定目标，就要将"努力"二字付诸行动。

就像这位视频大咖，他的梦想是让全世界的人看到他的作品，所以不论多难，他都始终如一将努力放在首位。他坚信努力的背后一定是希望，只要心中有光，前方的路就一定不会黑暗，只要努力，幸运之花终会盛开。

每个大神都是通过努力，才有了现在的闪闪发光，活出了让人羡慕的模样。

大神都如此努力，我们又有什么资格轻言放弃？

*

有网友问："为什么我明明很努力了，却依然过不好这一生？"

但你真的很努力了吗？

有一位年轻人，酷爱旅行，每当他决定去某个地方时，都会直接背上行囊，奔赴他想要去的诗和远方。

也有一些人，口口声声说自己喜欢旅行，为此计划了好几个晚上，最终却因没钱、没时间而放弃。

喜欢，是一切行动力的源泉，如果连行动力都没有，又何谈喜欢？

年轻人将旅行途中的所见、所闻、所感以文字的方式记录下来，一次偶然的机会，出版了一本旅行专辑，最终成了一名旅行作家，而那些口口声声说喜欢旅行的人，却因最终放弃而碌碌无为。这种喜欢，根本毫无意义。

很多事情，虽然不是努力就一定会看到希望，但不努力，就一定不会有希望，既然有可能，为什么不去逼自己一次呢？

那些说自己明明很努力的人，是否在备考时，只坚持了一阵子，却因没能通过考试，而抱怨努力毫无用处？

那些说自己明明很努力的人，是否制定了不切实际的目标，最终因没能得偿所愿，而抱怨努力只是一句空话？

那些说自己明明很努力的人，是否决定了做某件事，最终因不堪重负毫无收获，而抱怨努力并不适合每一个人？

每个人的起点都不同，你可以制定目标，但最终都要脚踏实地，一味地好高骛远，这种努力是毫无意义的。

碌碌无为和功成名就，你更喜欢哪一种呢？我想，没有人会喜欢前者，谁不想让自己的人生闪闪发光呢？

努力，不能只是说说而已，一定要体现在行动上。要知道，付出行动的努力，才能给你想要的未来，否则，就像竹篮打水一样，终究只是一场空。

*

人生在世，总要为了点什么。有些人为了名，有些人为了利，有些人为了改变自己的生活，可不论是为了什么，始终都离不开"努力"二字。

正是因为你还有想要的未来，所以才要更加努力。

要记住，岁月会带走你美丽的容颜，唯有努力，任凭时光如何变迁，它始终都会带给你自信，带给你力量，让你在随波逐流时，还有能力一搏。

如果没有当下的努力，又何谈憧憬未来，唯有努力，才能给你想要的一切，紧紧攥在自己手里的东西，才是永恒的。

要记住，努力是一辈子的事，只要足够努力，前方就一定有光。只要足够努力，幸运就不会缺席。

你以为的人生开挂，不过是厚积薄发

文/婷然

为什么有些人的人生看起来毫不费力，就像开了外挂?

那些开挂的人生故事中，聚光灯总是打在闪耀的成就上。可现实是，成功总是伴随着失败和痛苦。

*

有这样一个女生，17岁留学时选择考入一所全美本科压力最大、学分绩点最低，同时也是要求高考分数最高的学校——华盛顿大学。

就是在这样的压力下，她却只用了三年时间就修完了本科课程，拿到经济学和德语双学位毕业证。

20岁遇到生命中的真命天子，在不耽误学业的情况下，她为了真爱早早选择结婚生子。

妊娠反应初期她每天孕吐十几次，忍受同学异样的眼光，仍坚持学习，自学儿童心理学，申请哈佛大学研究生。

孩子出生后，她一边带娃一边见缝插针地备考，随后被哈佛大学人类发展与心理学专业录取。

22岁，她硕士毕业时成绩全A，成为哈佛大学教育学院最年轻的研究生。

24岁，她回国参加《我是演说家》，凭借出色的语言能力，一路过关斩将，荣获亚军，被大众所知。

现在，她是哈佛中国教育论坛Ed Story负责人，经济学、教育学、心理学领域高效学习者和深度设计者。

她，就是哈佛大学学霸鲁林希。

在众人眼里，鲁林希无疑是人生赢家，年纪轻轻就已经走在了很多人的前面。

可谁曾想，这个一路开挂的姑娘，实际上并不是天生"学霸"，反而是考过倒数第一的"学渣"。

这一路成长，鲁林希也和自己的"坏情绪"抗争了很久，她是如何战胜身体和心理上的双重障碍，最终逆袭成功的呢？

*

1995年，鲁林希出生于浙江杭州。父亲是浙江大学的教授，母亲是浙江大学的会计。

优越的高知家庭背景下，父母对她寄予厚望，宠爱有加。两岁时，母亲常给她读古诗、唱儿歌；3岁时，父亲让她听各种名人励志故事……

在父亲的影响下，鲁林希自幼对读书非常感兴趣，经常在父亲的书房看书。虽然爱读书，但是她的性格却是洒脱叛逆的。在小学，她经常迟到早退、逃课，是老师和同学眼中的"问题少女"。

因为成绩一直不理想，让她受到班里学霸的嘲讽和轻视，明确表示不愿意和她这样的差生做朋友。

青春期的孩子总是敏感的，她开始感到自卑，但心里并不服输。于是她下定决心要好好学习，让学霸对她刮目相看。

天才是百分之一的天赋加百分之九十九的努力，学习也更需要持之以恒的坚持和努力。

重拾学习兴趣的鲁林希开始努力拼搏，她认真听讲，加上过人的学习天赋，很快就将落下的功课补了上来。

鲁林希的成绩提升飞速，还多次参加各种知识竞赛，屡屡得奖，成了父母、老师的骄傲，也成为无数人心目中的学习榜样。

当年那些看不起鲁林希的学霸也被事实打脸。事实证明，人只有付出最大的努力才能真正激发出自己的潜能。

长风破浪会有时，直挂云帆济沧海。

当时的鲁林希就有这种坚定的决心和磅礴的气势，认为人一生的主题就是奋斗。

当人拥有必达使命的决心时，挑战自己最大的极限就能获得最好的结果。

在不断的努力下，鲁林希以优异的成绩被华盛顿大学录取。

然而，在鲁林希出国留学的生活里，又发生了让她意想不到的事情。

*

鲁林希骨子里不服输的性格和特立独行的作风，让她看起来好像不会被任何问题难倒。

但是这种作风和习惯是好事，也是坏事。

好的是，不管做什么她都会付出200%的努力，不达目的绝不罢休；坏的是，可能正因为她的好强，让她在后面的生活里选择了一条更艰难的道路。

大二时，鲁林希收获了爱情，却意外怀孕。

所有的声音都在告诉她：你还年轻，不要因为孩子而影响学业。但鲁林希再次将自己特立独行、极有主见的性格表现得淋漓尽致。

她说："这是爱情的结晶，是上天给予的礼物，我不能因为任何原因选择逃避或抛弃。我为自己即将成为母亲而感到骄傲。"

她挺着大肚子，忍受着旁人的指指点点，承担着学业的压力。仅用三年的时间就完成了大学所有的本科课程，获得经济学和德语双学士学位。

也是在这一年，她和韩裔丈夫因为文化背景和成长经历的差异，矛盾不断，争吵频繁，得了产后抑郁。

她开始莫名哭泣、失眠，甚至听到婴儿哭声就会暴躁不安，想要捂住孩子的口鼻，一会儿又陷入无限自责、自我怀疑，这让她痛苦不堪，早已没了初为人母的快乐。

后来，丈夫终于发现了鲁林希的反常，开始耐心地开导她，包容她。

她也开始直面情绪，而不是一味压抑和隐忍，还运用自己在哈佛心理学所学，帮助自己走出负面情绪。

最后，鲁林希再次用她不放弃的信念完成了所有学业，成为哈佛大学最年轻的硕士毕业生。

毕业典礼上，她抱着自己的儿子，笑容璀璨。

毕业后，她选择回国发光发热，先后参加中国多个演说节目，将自己的人生经历和态度分享出来，让更多的人为梦想奋斗。

鲁林希说："我可以在很短的时间内做很多事情，也可以非常全面地做好很多事。原因有三：一是专注，二是坚持，三是懂得自我反思。"

*

有人说，鲁林希一出生就赢在了起跑线上，是普通人不能比的。

但不管怎样，她现在的生活都是通过自己的努力换来的，并非坐享其成。

一个人，他即便是"含着金汤匙"出生，如果后天不努力奋斗，他的人生也只会越来越贬值。

我们应该做的，是学习鲁林希身上那种特立独行、坚持自己、刻苦努力的品质和精神。只有经过坚持不懈的努力，坚定自己的主见与目标，才能找到属于自己的成功之路。

因为奋斗的人生，无关出身。而在开挂的人生中：专注，是和取舍的痛苦合作；坚持，是和情绪的痛苦合作；反思，是和失败的痛苦合作。

这世界，哪有那么多开挂的人生，不过都是厚积薄发的结果。

明白这一点之后，慢慢地你会发现：你所经历的挫折，都是你成功路上的指示灯；你所有的努力，都将成为你摘取未来桂冠的基石。

只要不断努力，终将熠熠生辉

雅玥凝馨 / 文

网上有一个很火的问题：人生在世，为什么一定要努力？

其中一个回答，赢得无数网友点赞：人之所以要努力，是为了将命运牢牢掌握在自己手中。

只有努力，才能过上自己想要的生活，否则，一切梦想，终究只是一场空。

有一位喜剧演员，从小就喜欢写一些搞笑段子，时常一个人哈哈大笑，邻居们都用异样的眼光看他，私底下常说，别人是耍猴，他是耍自己。可他对此毫不在意，他坚信，终有一天，邻居们也会和他一起笑。

为了找素材，写段子，他每天都熬到深夜，写的段子不计其数，却始终无人问津。

有朋友问他，写出的段子没人看，邻居们还都拿他当怪胎，这种坚持究竟有什么意义？

他说："我的梦想就是给别人带来快乐，而我也一直在为实现梦想努力着，因为我相信自己能成功，所以我绝不会轻言放弃。"

很多时候，遭到质疑并不可怕，可怕的是就此放弃。一个人如果连自己的命运都掌握不了，又何谈憧憬未来？如果自己的命运，都要让别人来主宰，这样的人生，还有什么意义？

为什么明明知道努力不一定能成功，还要强迫自己坚持到底呢？那是因为，人生本来就是一场赌博，只有输和赢两个结果，不去赌一次，又怎知自己不会赢？

很多人都只是看到别人光鲜的一面，却忽视了他们背后的付出。真正厉害的人，都是历尽千帆后才迎来柳暗花明，所以，你根本就没资格抱怨。

与其抱怨自己的人生碌碌无为，还不如将抱怨的时间，用来做一些有意义的事情，日积月累，一定会有看得见的收获。

如果你害怕这个世界反复无常，那么就请不要停止努力。

*

我很喜欢一位舞蹈演员，她从幕后走到台前，足足用了10年。10年间，她一刻都没停止过努力，每天坚持6点起床晨练，每天拿出5小时练习基本功，每天抽出1小时用来读书。

如果没有与生俱来的优势，那就用努力去弥补，保持高度的自律，让自己变得更加优秀，当自身变得优秀了，自然也就离成功更近了。

她受过伤，最严重时腿上缠满了绷带，连走路都成问题。那段时间她没办法练功，就把更多时间放在读书上。

如果身体不能在路上，就让灵魂一路前行。

不得不说，高度的自律，让她的人生大放光彩，也让她活成了自己喜欢的样子。

屏幕前的她，虽然已过不惑之年，但浑身散发出来的气质一点都不逊于20多岁的年轻人。

跳舞的人非常注重身材，她对自己的饮食严格把关，热量高的食物坚决不碰，一旦发现体重增长，立刻加大运动强度，直到现在，运动依然是她人生中不可或缺的一部分，用她的话讲，如果一天不运动，感觉就像少了点什么。

除此之外，她依然坚持每天读书，体味人间百态，借鉴别人的经验，丰富自己的人生。

有网友提问："如何才能保持高度的自律呢？"

她说："当自律成为一种习惯，想要停下来，也挺难的。"

当你满腹委屈，抱怨生不逢时时，优秀的人早已努力向前奔跑，而你却依然站在起跑线上踟蹰不前，如果你没那么优秀，你更没资格原地停留。

前行还是停止，选择权始终在你自己手中。

因为只有努力，才能给你想要的未来，人生在世，为什么不能让自己的未来精彩一点儿呢？你要逼着自己成长，才能更好地主宰自己的未来。

说到努力，看起来容易，做起来却很难，只有让努力成为一种习惯，长期坚持下来，才会有看得见的进步。

让努力成为一种习惯，你会发现，走好人生这条路，其实一点儿都不难。

*

有一位男演员说："自己变得强大起来，就会让别人对你刮目相看。"

某位美食博主在接受记者采访时，分享了一段不堪回首的往事。她说自己在成为美食博主之前，就是一个十足的吃货，体重从90斤，一路飙升至150斤，被家人嫌弃，被爱人抛弃，被朋友放弃。

家人说她除了吃，一无是处，爱人看到她满身油脂，果断提出分手，朋友在她身上看不到一丝正能量，纷纷选择离开。

身边时常有家人、爱人和朋友陪伴的她，一下子成了孤家寡人，那一刻，她再也忍不住，放声痛哭，将自己关在房内足足三天，除了吃，什么都不做，直到有一天，她偶然看到一档美食节目，心想：既然自己那么喜欢吃，为什么不能让吃成为自己谋生的工具呢？

听到这里，记者满脸写着不可思议，完全看不出，面前这个瘦瘦的，浑身散发着自信光芒的女孩，还曾有过150斤的体重和一段悲伤的经历。

总有那么一段经历，会逼着自己成长，如果选择继续沉沦，终将一事无成。

她决定减肥，每天坚持跑步和健身，足足坚持了3年，直到现在，还依然保持着这个习惯。

她坚持每天将食谱用本子一页页记录下来，用掉的本子，都快有一个人高了。

成功的人，几乎都是在摸爬滚打中，坚持了无数个日日夜夜，才有了如今光鲜亮丽的人生。

那些抱怨自己身材走样，想要减肥的女生，每天会拿出多少时间用来健身？

那些制定了目标，整天幻想着梦想成真的女生，每天会拿出多少时间为了实现梦想而努力？

如果你只坚持了一阵子，又有什么资格抱怨自己的命运不够好？不忍心对自己下狠手的女生，注定只能是一个失败者。

与其羡慕别人，不如逼着自己成长，要知道，只有自己真正强大，才会让人刮目相看，才能让那些说三道四的人哑口无言。

所有人都在努力，你真的没资格说放弃，逼自己成长，你将会有更好的路可以走；逼自己成长，你会发现生活处处充满了阳光。

长路漫漫，要记住：只要不断努力，终将熠熠生辉。

让过往的每一分钟都为未来增值

文/胡倩

她在学校多次获得一等奖学金，是上海市优秀毕业生，是第十八届亚运会闭幕式"杭州八分钟"的领舞，舞蹈作品深受大众喜欢，并多次获奖。

她的优秀绝不是靠天赋获取的，更不是等来的幸运。

俗话说，幸运是留给有准备的人的。

她每天早上4点半起床练功，一直坚持了10多年，她就是舞者邓春晴。

不管是现代舞还是古典舞、当代舞，不管是极限一字马，还是耗腿、搬旁腿，她都会利用早起的时间仔细揣摩作品含义、了解身体架构、勤学苦练基本功。

她说她的天赋很差，所以早上都要比其他同学多加练习才能赶上，经过无数个早起，一个个机会和成绩也接踵而来。

最好的贵人，就是早起的自己。

进入工作单位后，她依旧是一名普通的舞蹈演员，继续刻苦努力，继续早起练功，把每一天的日程都无缝衔接地安排起来，最终一步步踏上省级舞台、国际舞台。

我们要坚信：别人能做到的，我们也能做到！

著名的"二八定律"告诉我们：20%的人做事业，80%的人做事情。时间亦是如此，可以用20%的时间完成80%的事业。早起就是这20%的时间，靠这点，95%的人生大事都可以解决。

比如想要每年阅读20本书，学习各项技能，即使工作繁忙，但只要每天早起就可以解决。早起，孩子还在睡觉，同事也不会打扰，这段时间只属于自己，既是黄金时间、高效时间，也是追梦时刻。

所谓时间不够，那是没有掌控早起。赛万提斯说："上帝送黎明来，是赐给所有人的。"

有人满心欢迎，有人拒绝接受。拥抱黎明的人，从一个成功走向另一个成功。置之不理的人，始终是常立计划却纹丝不动、原地踏步。

所以，年轻的你，请开启早起之旅吧，你只管早起，时间会给你答案。

*

有这样一位自律博主，既有本职工作，又要照顾自己的小宝宝，但她每天做事井井有条、精力满满，且博学多才，身材管理也特别棒。

她说，在繁忙的工作和生活中保持个人的进步和发展，全靠每天早起的3个小时。

每天4点30分起床，进入早起惯例，关注自我成长，做规划、听演讲、经典背诵、阅读思考、锻炼身体。

等全部完成后，孩子才起床。此时的她，已经与这个世界进行了深深的拥抱，阅读有了新知、思考有了规划、难题有了想法，身体也大汗淋漓了一把。

虽然9点以后还是一堆事，但早起是唯一可以按照自己的节奏进行的时段，实属定海神针。

在她家人生病住院的那段难熬时间，她既要来回跑医院和家庭，还要不忘工作、兼顾孩子，但她利用早起的3小时思考问题、解决问题，最终摆脱焦虑，重振精神。

她说，早起已经不是跟懒惰和生物钟对抗的事情，而是跟压力和困境的对抗，谁赢谁就可以掌控未来。

早起的人生，就是这么赚。利用起来就会赚到，不管不顾蒙头大睡，机会就会溜走。

非常喜欢一句话，前进的路上，大有可为的事情有很多，早起1小时可以让你一步步实现。

它就像播种一样，最早播种的那个，往往成长得最快。即使中间有蛀虫、有风霜，但仍然会凭借坚强的根基屹立挺拔。

青年作家梁爽，中学被迫早起，大学习惯早起，工作后5点钟自然醒，她说："叫醒我的不是闹钟，而是美好生活体验。"她早起后会看书、写文、锻炼或做早餐。

写文章时，思绪最易厘清，心情最能沉淀，文章往往一气呵成。

看书时，边看边做笔记，似是与作者畅谈人生，过脑且走心，高效且专注。

锻炼或早餐时，远离一切信息熵，淡定从容、有条不紊地做自己喜欢的事。

越体验到早起的福利，越愿意早起。如果当下的你，觉得时间不够用，或是对职业和未来发展感到迷茫，你可以尝试早起30分钟试试看。

我相信，每一个早起，都是送给将来自己的最好礼物。只要你早起一段时间，就会发现人生比你想象得更美好，会爱到不可自拔。

*

有这样一位女强人，从学生时代开始，连续20年每天早上5点起床，读书、学习、写作，在各个领域取得非常不错的成绩，还曾参加过国际性会议，但她的英语水平并不是一直拔尖。

大学阶段，英语考试一共120名学生参加，她排名89，连个中等水平都达不到。后来她启动"1000天小树林计划"专门学习英语，每天早上5点到8点准时到小树林练习英语发音听力等，遇到上午没课时她直接学到10点钟。

在后来一次英语考试中，她一跃成为全年级第一名，可谓成长飞速，此时距离当初制订计划只有100天的时间。

她就是青创智慧科技董事长张萌。

工作后，她依旧坚持着早起的习惯，达成了一个又一个目标。比如认知升级、思维升级、锻炼身体、创业、写书等。

人们常说，你怎么过早晨，就怎么过一生。坚持早起，人生就已经成功了一半。

我曾经采访过一位25岁的日、韩语翻译工作者，孩子1岁多，专业业绩非常突出。我以为她是日、韩语翻译出身，没想到她上学时读的是商学专业。

为什么专业不相关，又要兼顾孩子的情况下，她还能做得如此出色？后来了解到，她也是巧用早起这一秘诀来圆梦的。早起拉长了生命的长度，也拓宽了追梦的路径，每天在清幽宁静的早晨拥有一段淡然出尘的个人时光。

早起并不是为了365天的勋章，而是底子里的自律，是身体的内在习惯。如果仅仅为了漂亮的数字，早起后读两页书继续睡回笼觉，那么我想，这位董事长和翻译工作者不可能取得如此出色的成绩。

年轻是资本，也是成本。若成本被你挥霍完毕，等待你的终将是亏本、破产。

因为每一个早起，都藏着未来的惊喜。早起，才是成年人最好的护身符。控制早起，方能仰望星空。让我们一起拥抱黎明，让每一分钟都为未来增值。

06

辑六

活成自己生命中的那束光

用自律去丈量人生的每一步

文 / 孙娇

《中国诗词大会》第二季总冠军武亦姝，背诵了2000多首诗词，凭借着强大的诗词储备量，她在比赛中脱颖而出，被称为"国民才女"。

然而，武亦姝小时候并不是学霸，在幼儿园时还曾被老师称为"问题学生"，小学时成绩曾"垫底"。

如今，她如此优秀的秘诀就是保持足够的自律。

在一次采访中，她的父亲说，从幼儿园开始，武亦姝就接触大量的古诗词，并日积月累、持之以恒地学习古诗词，数年如此，从未停止。

正是她的高度自律，在中国诗词大会的舞台上，才让我们看到大放异彩的她。

学习是一个漫长的过程，随时可能落后，又随时可能迎头赶上，不怕底子差，就怕不坚持。

人人都渴望优秀，但未必人人都能优秀。武亦姝之所以优秀，并不是她天赋异禀，不过是在一日又一日的坚持中，自我沉淀和积累。很多时候，不是优秀了你才会自律，而是自律了你才会变得优秀。

人们眼中的天才之所以卓越非凡，并非天资超人一等，而是付出了持续不断的努力。而在这个过程中自律是非常关键的品质。

武亦姝就是拥有这样品质的姑娘。

所以，要相信，每一个保持高度自律的姑娘都能赢得前程似锦。

*

泰国有一部走心短片《只有你可以改变你自己》，里面讲述了一个胖女孩的故事。

女孩生活在泰国一个偏远的村庄，因为很胖，从小就遭到同龄人的嘲笑和讥讽。无数次，女孩都伴着"猪头！肥佬……"的嘲笑声从噩梦中惊醒。

为此，女孩很痛苦，她想要变得漂亮，却不知道该怎么办。

奶奶告诉她，村后的山坡上有一口枯井，传说只要用水把那口枯井填满，玉皇大帝就会现身，并且会满足他一个愿望。

于是，女孩提上两只空木桶，坚定地开始一遍遍挑水的路程。不管别人如何嘲笑，也不管风吹日晒，跌倒了，她咬牙从地上爬起来，继续打水前行。

终于有一天枯井被灌满了水，女孩放下水桶抬头高喊："玉皇大帝！你在哪里？"

空荡荡的山谷中没有任何回应。

女孩失落地低下头，而就在女孩低头的瞬间，看到井水倒映出一张清秀的脸庞和苗条的身材。

原来，在坚持挑水的日子里，女孩不知不觉变瘦了，她真的成功了。短片的最后有一句话：只有你自己可以改变自己，对的事，天天做。

生活除了晴空万里，偶尔也会凄风冷雨，当梦想布满阴霾时，胖女孩唯一需要做的，就是坚定信念。纵有疾风起，人生不言弃。

要想让梦想照进现实，就必须行动起来，打破心中筑起的藩篱，突破眼前的障碍。

人生就像一个鸡蛋壳，从外打破是食物，从内打破是生命。

这个胖女孩没有被嘲讽所打倒，没有成为别人的"盘中餐"，而是通过坚定的信念，把自律做到极致，涅槃重生。

世界之大，静守己心。

请你坚信，没有一个冬天不可逾越，没有一个春天不会到来。

*

网上曾经有一个十分火爆的话题：最好的生活状态是什么？

赢得高赞的回答是：自律。自律即自由，它会给你带来想要的生活。

自律的人，无论作息、饮食、运动，还是人生规划、奋进步伐，都会给自己定下严苛的规矩。

在网上看过一位1996年出生的女孩，去年，她刚应届毕业就放弃了实习机会，脱产半年复习，5个月过了法考，6个月过了CPA，成功入职某房地产名企。

很多人会惊叹，同时也会好奇她是如何做到的？

她说因为自己基础比较薄弱，她在法考和CPA时，都选择了网课学习，既可节省来回路上2个多小时的时间，还能跟着老师的节奏复习，提高备考效率。

每周除了周日下午的半天放松时间，剩下的6天半她都严格按照自己的时间规划进行复习。

因为早上7点到9点头脑比较清醒，她用来背诵、记忆；9点半到12点听法考课程。13点到16点听注会课程；16点半到18点继续听课。晚上从19点半开始一直到23点，分成两个时间段来做法考和注会的习题。

别人一天复习3个小时，她一天复习将近13个小时。别人3年才学会的东西，她仅仅用了半年时间。

我想很多人会被这种高难度吓倒，而产生放弃的想法。可见，没有人的成功是得来容易的。

然而，当女孩严格要求自己的时候，很多事情她都能够坚持下来，最终获得了自己想要的结果。

女孩有了自律能力，就会获得真正的自由，从而对生活和工作能够自由选择，人生才会朝着想要的样子发展。

因为自律的女孩永远掌握生活的主动权，她能够听从自己内心的声音，用最真实的努力让自己安全，成为自己喜欢和欣赏的模样。

在繁华的世俗世界里，一个优秀的姑娘身上最突出的品质，就是拥有高度的自律。

高度的自律往往是她们变优秀、走向成功的开始，也注定她们的人生不平凡。

很喜欢一句话：当你此刻，满目茫然，困在生活的荒漠、现实的牢笼中，不知何去何从时，请记得，通过自由之境的，唯有一条路可走：以自律之法，规避掉麻烦，摆脱掉羁绊，集中精力，全力以赴，前往你想去的远方。

愿每一个姑娘都能用自律去丈量余生的每一步，活成自己喜欢的样子，过上自己想要的生活。

凡事努力做到最好，你就离成功不远了

文/夜雨芭蕉

人生的起点，我们无法选择，但过程可由我们自己规划；人生的际遇我们无法预料，但面对人生的态度可由我们自己掌控。

曾先后任多国特命全权大使的任小萍年轻时在农村插队，后来机缘巧合之下遇到招生，她成了北京外国语学院英语系的一名学生。刚开始她既高兴又担忧，因为她发现自己不仅是班里年龄最大的姑娘，而且还是成绩最差的学生。

开学第一天上课，老师提了一个很简单的问题，她第一遍居然听不懂，第二遍听懂了却不会回答，场面一度很尴尬。自尊心极强的她，课后跑到学校后山上大哭了一场。

哭过后她就想通了，不就是成绩差点儿吗？努力就行了！

人生而不同，经历也各有迥异，过往的人生决定了现在人与人之间的差异。

也许现在的你比别人差太多：学习上，成绩排名靠后，记性也没有别人好；工作中，同事比你优秀太多，同时进单位，他人已成了你的上司；成就上，童年时的伙伴已开公司混得风生水起，而你却依然在为一日三餐奔波挣扎。

但是没有关系，人生还没有到终点，只要你肯努力，人生还是充满着无数变数的。

任小萍心里暗暗为自己加油鼓劲，她没有为自己当前的"差劲"难过太久，更没有一蹶不振。而是认清现实，找准方向，下定决心努力改变。

从此以后，她勤奋学习，每天晚上学习到深夜，早上四五点又起来背书，每天学习的内容都要背得滚瓜烂熟才肯罢休。

俗话说：要摘取果子，必须爬上树。

只要不辜负每一天，付出总是会有回报的。大学毕业时，任小萍的努力早已有了回报，她成了全年级成绩最拔尖的人。

*

爱默生说："如果一个人对自己的处境不满，他可以用两种方法来改变，改善自己的生活条件，或者改善自己灵魂的状况。前者不是随时都可以做到的，后者则永远任他自己掌握。"

任小萍大学毕业后被分配到某大使馆当接线员，工作单调、乏味，而且看似简单却也不好做。接线员需要有良好的英语水平、耐心、细心，以及随机应变的能力。

作为名牌大学英语系的高材生做接电话这种工作，任小萍心里还是挺郁闷的。回到家里她忍不住向母亲吐槽。

她的母亲是个非常有智慧的人，听到任小萍的抱怨并没有说什么，而是叫她去清洗卫生间和马桶。任小萍不怎么乐意，可也费力地刷洗。只是她刷了几遍后，卫生间和马桶还是没刷干净，后来她干脆放弃了。

母亲见状，还是不说话，而是去弄了一些干灰洒在脏地板上和马桶里。几分钟后，母亲再去刷地板和马桶。奇迹出现了，原本脏兮兮的地板和马桶立马变得洁净透亮。

任小萍钦佩不已，对母亲夸赞不停。

母亲当时说了一句让她铭记终生的话，她说："一件事情，你能够不去做；但如果做了，就要动脑筋做好，就要全力以赴。"

是啊！你怎么敷衍生活，生活也终会将就于你。你怎么认真做事，同事看得见，领导心里也清楚，以后有升职加薪的机会，你自然比别人无形中就多了优势。

你对待工作的态度，决定了你人生的高度。

一件事，要么不做，要么用心做，尽自己所能去做，也许困局或绝境就会柳暗花明。

任小萍从母亲身上学到了凡事要做必尽心的理念，这个理念也让她在今后的事业上取得了一个又一个的成就。

*

任小萍自听了母亲的话后，心态完全变了，变得开朗而积极主动。那个年代工作都是由国家安排分配的，自己很少有选择的机会。她想既然自己无法挑选工作，那就把本职工作做到最好吧。

她把使馆里所有人的名字、电话，甚至家属的名字、电话都牢牢记在心里，极少搞混或搞错。使馆安排的无论是公事还是私事，她都乐于完成，并坚持做到最好。

业余时间她还坚持读英语报，努力学习英语，不断提高英语水平。

她成了一个积极负责、英语水平出众、能力强、同事信赖、领导放心的人。

当然，这样的人也是非常受大家欢迎的。某国大使甚至亲自到电话间来表扬她，此前还没有人受到过这样的殊荣。

没过多久，她就因为工作出色被破格提拔了，成为某单位的翻译。

在新单位，她的上级是一个本事大、脾气也大的外国老太太。老太太在她来之前已赶跑了前任，对她也非常不信任，明确表示不想要，后来才勉强答应让她试一试。

这一试，老太太非常满意，逢人便夸她翻译工作比旁人做得好，好上十倍。

　　能够得到这个有勋爵的老太太的夸奖，可不是一件容易的事。任小萍背后付出的汗水和心力是常人无法想象的。

　　凡事尽心尽力，就是她胜任工作的法宝。

　　后来任小萍被派往英国留学，回国后到某学院先后任讲师、副教授、教授、副院长，一路高升，并多次荣获上级的嘉奖。

　　再后来，她又先后担任过某大使馆参赞和多国特命全权大使等多种职位。

　　无论上级安排什么样的职位，她总是积极适应，努力把工作做好，做到最好。

　　平庸者与优秀者之间最大的差别就是对待人生态度上的差别。

　　海尔集团总裁张瑞敏曾说过："把每一件简单的事做好就是不简单，把每一件平凡的事做好就是不平凡。"

　　任小萍的成长经历告诉我们：凡事努力做到最好，你就离成功不远了。

活成自己生命中的那束光

文/一燃

2020年2月，27岁的白蕊因在生物界多次突破世界级难题，被授予"世界最具潜力女科学家"，成为第三位获得此奖项的中国人。

在清华大学就读期间，白蕊用短短4年时间，便完成了本硕博连读，其间连续攻克多个世界级难题。

看到这个介绍，你会不会觉得白蕊一定是一位难得的科学天才？但其实，在枯燥、辛苦的科研道路上，她走得并不轻松。

这个出生于内蒙古大草原的女孩，从小就对生物产生了浓厚的兴趣。高考时，她毫不犹豫地选择了生物专业，成功进入武汉大学攻读生物学专业。

她特别兴奋，想在这个能够造福全人类的领域做出成就。

然而进入大学没多久，白蕊的兴奋就被大学里难而枯燥的知识给浇灭了。这个原本目标高远的女孩，开始混日子了。

但是，有些人之所以能取得成绩，就是因为他们始终能从低谷中爬起，不断地战胜自己。

一次偶然的机会，她被清华大学施一公先生的演讲所打动，重新燃起了斗志：进入清华大学施教授的团队，为攻克疾病做贡献。

从那之后，她不停地学习，做实验，查文献，全力以赴弥补之前荒废的时间。

但成长之路仍然充满障碍，第一次她没能如愿收到清华大学的录取通知书。

可是，她没有认输，而是没白没黑地泡在实验室里，更刻苦地备考推免面试。

上天不会辜负那些奋力前行的人，她不仅以第一的成绩获得了推免名额，更通过了清华大学直博生的面试。

失败并不可怕，可怕的是自己先放弃。

如果遇到挫折就不再努力，那白蕊恐怕永远也不会成为攻克世界难题的女科学家。

没有人的成功之路是一帆风顺的，不经历风雨，怎么有机会见到那抹色彩斑斓的彩虹呢？

勇敢去做，执着去拼，女孩子也可以活得漂亮和闪亮。

*

前段时间，被河南一位"90后"姑娘圈了粉。

她是河南省旅游协会副会长、郑州市女企业家协会副会长、河南中汇文化旅游开发有限公司董事长李孜敏。

在大多数人眼中，李孜敏一出生就是含着金汤匙的。明明可以拼背景，她却比谁都更努力。

在大学，因为兴趣爱好，主修法律的她，还辅修了新闻专业，获得了双学位。她还加入了校报，经常参与社团活动，是同学眼中的榜样。

毕业后，她进入了家族企业，从基层销售做起。当时，她和同事在郑州扫楼发传单。

他们不坐公交，全靠步行走楼，一栋楼一栋楼地扫，累得脚都磨出了水泡，也不肯坐车，生怕错过了写字楼。

正是那段在一线磨炼的时光，为她接手公司打下了很好的基础。

李孜敏被任命为总经理后，上手很快，公司业绩很快达到了顶峰。在新的方向中，她成为自己的人生赢家。

工作后她感触最深的，就是要学习，持续地学习。她在拼命工作之余，还不忘拼命学习。

她除了到全世界各地考察学习，还去了清华大学读管理。平时的碎片化时间，她不是在看书，就是在听书。

李孜敏说："我见过很多优秀的人，都是在不遗余力地学习的路上。"

在事业上，李孜敏并不满足只继承父辈的衣钵，她心怀梦想，要打造属于自己的文旅王国。

"以今日之我，胜昨日之我。"这位集财商与才华于一身的女子，让我们看到了努力的意义。

她让我们更清晰地领悟到：一个姑娘，无论家境贫寒还是富有，都不能不去努力奋斗。

砥砺前行，热烈绽放，女孩子不应该被世俗定义，女孩子的天地不应囿于家庭，还有广阔的职场。

那种敢拼敢闯的劲头、遗世独立的魅力，才是女子在这世间该有的姿态。

*

前段时间，一个纤瘦女孩在百米高空电力作业的视频火了。

视频的主人公叫李嘉思，1995年出生，武汉大学硕士研究生毕业后，成为国网杭州供电公司输电运检中心的一名送电线路工。

她也是这家公司成立63年来，第一位从事高空作业的女员工。

视频中的她，行走在几十米的高空中，不断晃动的导线上，带着固定的频率，她的步履坚定又稳定。

只有李嘉思自己知道，为了看起来毫不费力，她付出了多少努力。

她回想第一次上36米高的铁塔的时候，踩着很细的脚钉，虽然心里知道很安全，但双腿还是止不住地发抖，动作也因此而变形。

最终是热爱和向往，打破了恐惧。她在休息了数次后，还是爬上了塔顶，也踏上了她的梦想之路。

只是这追梦的路上，充满了考验。

作为一名普通送电线路工，李嘉思每天都要高空作业。无论酷暑还是寒冬，她每周都有一两次要在高压线上行走。遇到紧急任务，还要自带便当，在高空中吃饭。

亲朋好友都很不理解："一个名校女硕士，干吗做这么危险又辛苦的工作？"她却有着执着的追求：期望能为亚运会保电贡献自己的一份力量。

她用行动打破了性别的限制，用认真、愿意吃苦的态度，赢得了认可。

身为女子，柔情似水为美，刚毅洒脱亦为美。

生在最好的时代，每个女孩子都可以勇敢地活出真实的自己，做自己真正热爱的事情。

很喜欢冯唐说的一句话："想要姿态优雅地在这个世界兴风作浪、遗世独立、岁月静好，女性必须吃苦耐劳、自强不息。"

生命只有一次，要么成就，要么将就。不想将就，就去努力成就。

心有未来，世界自宽。每个女孩都有无限潜力，可以活出闪耀生命的光，活出自己在这世间最高级的尊严。

　　心中有阳光，脚下有力量，每个为梦想拼尽全力的女孩，都能活成一道光，拥有靓丽多彩的人生。

做一个灵魂带香气的女子

文/陈宇薇

三毛曾说："一个人至少拥有一个梦想，有一个理由去坚强。心若没有栖息的地方，到哪里都是在流浪。"

追梦的过程可能并不会一帆风顺，但人的一生就如同苗壮成长的树苗，享受过旭日暖阳，也要经得起雨打风吹。

坎坷可能会让平静的生活变得险象环生、跌宕起伏，但是只要内心坚韧，勇敢面对挑战，总能战胜一切艰难险阻。

2004年出生的2022届艺考生陈云骄就是一个勇敢的追梦人，她自幼便热爱古筝和中国舞，也将之视为自己前进的方向。

但是艺考之路并没有那么轻松，或许大部分人的青春都是傍晚时教室窗外的落日余晖，漫步在校园里轻风吹进宽大的校服。而她的青春除此之外还有着在练功房里如雨的汗水以及镜头前纯真温暖的笑颜。

专业达到瓶颈时的焦虑，自编舞曲时的磕碰，苦学文化课时的起早贪黑，以及父母心疼而欲言又止的神色，每一个瞬间都让她记忆深刻。

但是，她却不曾后悔过，因为这是她的梦想，也是她深深热爱的追求。

热爱如山，可以压垮每一份否定；热爱如火，足以抵御岁月的严寒。也正是心中的那份热爱，让她活成了现在多才多艺、自信洒脱的模样。

只要拥有坚韧的内心，无论遇见什么挫折都能坦然面对，把自己的人生丰富成"宝藏"，自己掌管开启幸福的钥匙。

挫折终究是短暂的，不过是大海上偶尔打来的一个小波浪，只要乐观无畏，海面总会平静下来。

生活本就不易，不如遵循心中的那份执着，以梦为马，无畏无惧，不负韶华。

梦在前方，路在脚下，星光不问赶路人，时光也会不负追梦人！

*

我们每个人的人生，都不可能一帆风顺，总会有起起伏伏的时候，可是哪怕摔到了尘埃里，也不能成为我们在前行路上驻足的理由。

"人少则慕父母，知好色则慕少艾。"谁的青春没有追逐过那抹纯白无瑕的月光呢？如果自身不够优秀，那就只能远观而不敢亵渎了。

电视剧《你是我的荣耀》中，乔晶晶在年少时，便心仪学校里的风云人物——学神于途，但是闪闪发光的对方却让她不敢靠近，只能不断提升自己，让自己成长得更优秀。

西蒙·波伏娃曾说："我渴望能见你一面，但请你记得，我不会开口见你。这不是因为我骄傲，你知道我在你面前毫无骄傲可言，而是因为，唯有你也想见我的时候，我们见面才有意义。"

真正的爱情，一定是双向奔赴、共同成长的，而不是某一方只会像菟丝花一般地攀附。

果然，十年之后重逢，在时间的磨砺下，乔晶晶已经事业有成，成为人群中耀眼的存在，已让于途有些望而却步不敢爱了。

要想吸引优秀的人的目光，捷径就是让自己也变得优秀，从阴影中走出来，在阳光下熠熠生辉。

能改变自己的只有自己，无论身处什么环境，只要坚持不懈地向上拼搏，总有春暖花开的一天。

人生中，纵有疾风起，也不能轻言放弃，要坚信，山水万程，努力后未来依旧可期。

之前大火的电视剧《知否知否应是绿肥红瘦》中的女主角盛明兰也是在逆境中给自己闯出了一条生路。

作为家中最小的庶女，生母早逝，又无嫡亲手足扶持。上有被嫡母护着的嫡姐，下有宠妾所出备受主君呵护的庶姐，生存条件可谓极为艰难。

可她从没自怨自艾，而是努力在夹缝中生存，寻求到祖母的庇护，刻意收敛自身的光芒，不显山不露水地解决棘手问题。

她并没有试图对抗生活，而是与生活和解，用顽强的生命力吸引到了同是天涯沦落人的顾二叔的青睐，也获得了一段美好的姻缘。

如同剧名，即便是绿叶，也能破土而出，饱饮阳光雨露，舒展自己肥厚的叶子，感受生命中的美妙。

时钟不会逆时针旋转，岁月也不会为你而停留，与其对过去惶惑不安，不如把握当下，重整旗鼓再出发，才不辜负自己最美好的年华。

*

多少女生总是习惯敷着面膜追着剧，泡着枸杞熬着夜，把琐碎的杂事留给明天，只想让自己一直咸鱼一直爽。

如果有人能克服拖延症，十几年如一日的自律，那么她的人生会过成什么样子？

18岁的华裔天才少女凯拉被每年只招收24名学生的茱莉亚学院舞蹈系录取了，在这里，每一位学员都会被当成大师来培养。

早在16岁那年，凯拉就因参加世界舞蹈大赛一舞成名，在顶级时尚刊物 *Teen Vogue* 用视频记录了她一周的生活后，她就因为自律和高效而爆红。

每天6点15分起床，半夜0点30分入眠，中间的时间排得满满的，跳舞、正常的学业、额外的进修课程，连在车上都要抓紧时间吃饭和做作业。就连给舞鞋染色的同时，也不忘顺便做一下腿部拉伸。

世界上最可怕的事情，莫过于比你有天赋的人却比你还努力，而你还认为依旧有大把的时光可以挥霍。

作为女生，我们虽然生而没有公主命，但是我们可以拥有一颗女王心。任凭时光的冲刷，都磨不去灵魂中的高贵和坚韧。

女人最美的样子，不是乖巧老实，不是逆来顺受，而是带着精致的妆容，让自己的人生过得精彩而独立。

内心坚韧的女人，不会计较一时的成败得失，不会畏惧一次的机遇挑战，不会浪费一滴的汗水心血，活得潇洒，美得肆意，让灵魂充满香气。

都说女人如花，可我们不要做软弱的菟丝花，而应该如兰花般拥有不断向上的力量，做独一无二的自己。

赢在最后的都是坚持

文 / 易涓

古人说："不积跬步，无以至千里；不积小流，无以成江海。"

生活中，很难有一蹴而就的成功。任何成功的背后，都是艰辛的付出，是梦想，是自律，是突破，是坚持。

一切的成功，赢在最后的都是坚持。

*

在2021年日本东京奥运会上，人们记住了一个安静而略显稚气的女孩儿，她就是我国乒乓球运动员陈梦。

陈梦取得了本届奥运会的乒乓球女子单打冠军，这是她长久以来的梦想。

随着对她更多的关注，我们看到了她成功背后的不断突破与坚持。

陈梦出生于山东青岛，可能妈妈原来是乒乓球运动员的缘故，她很小的时候，就对乒乓球感兴趣。

陈梦5岁时被妈妈送去她原来的教练那里练习打乒乓球。

乒乓球训练是非常枯燥的，很多小孩子受不了高强度的训练，会找理由偷懒，或者不再坚持，放弃了打球。

陈梦训练却非常认真、刻苦，从不迟到早退，也不喊累，只要教练不说停，她就会一直练。

有时候妈妈来接她，她都不知道。接她走时，要是训练任务没有达到，她也绝对不会走。

她私下对妈妈说："我要好好训练，要拿冠军！"

她性格比较内敛，也有韧性，输了球从不哭，低着头默默地听教练讲，打赢了也不像其他孩子那样大喊大叫，只是自己高兴一会儿。

或许，唯有热爱，唯有梦想，才会让小小年纪的陈梦，有这样的自律，这样的坚持。

功夫不负有心人。刻苦努力的陈梦很快脱颖而出，10岁时就进入了山东省体工队，13岁时因训练突出而入选国家队。

之后，17岁以下中国乒乓球全明星赛、世青赛团体赛、亚青赛……陈梦一路过关斩将，获得了多个冠军。

在面对电视镜头的时候，陈梦没有小队员的那种紧张和发挥失常，而是沉着冷静，少年老成，有大将之风。

正是心中有梦想，眼中有世界，一路坚持地刻苦训练，造就了陈梦身上的那份淡定与从容。

＊

　　成功夺得女单金牌的陈梦，赛后接受记者采访时，难掩激动之情，直言她等待这一天已经太久了。

　　是的，陈梦的夺冠，并非偶然。

　　进入国家队后的陈梦，虽然成绩在不断提升，也有自己的技术优势，但国家队人才济济，竞争极为激烈。

　　在2013年到2015年期间，世乒赛等世界大赛上，她表现平平。

　　即使女乒新老交替之际，在重要比赛中，她也没有打出令人信服的成绩。

　　亚运会女单决赛输给王曼昱，亚洲杯女单决赛不敌朱雨玲，2019年世乒赛女单决赛又输给了刘诗雯。

　　"性格偏软""当不了'一姐'"……各种质疑声传来。

　　困境之中，陈梦没有放弃，她一点一点地磨炼自己，寻求突破：她坚持高强度训练，增加了训练难度和训练量；她硬着头皮喝自己不喜欢的牛奶；原来不愿意与男队员训练，为了提高成绩，她努力跟上男队员的节奏；她由教练带着走，慢慢地变成主动与教练聊想法，有了更多的沟通；训练上，她和教练之间互相信任，默契度越来越好。

　　陈梦最终"逼"出了更好的自己，她在2020年迎来大爆发。

　　她在八项大赛中拿到5个单打冠军、两个团体冠军和一个女双冠军，其中包括个人首个全锦赛女单冠军。

"经历困难以后，一定会见到彩虹。我愈发清楚冠军是真的需要经历和磨炼。"陈梦说。

是的，哪有随随便便的成功。

但前进道路上的困难、挫折却成了她走向成功的基石，因为每次突破，都会让她获得成长。

*

经历了长时间的低谷，陈梦没有放弃梦想，一直寻求突破，终于凤凰涅槃般获得重生。

陈梦成长了很多。

她已经能够直面任何问题和困难，也能更加积极主动地解决问题。

不论是日常训练，还是每场比赛，她都把出现的问题仔细分析，包括接下来的训练要针对性地练什么。

机会总是留给有准备的人，经历长时间的蛰伏，她终于厚积薄发。

在确定东京奥运会延期之后，主力队员丁宁很长一段时间都没有随队训练，在乒超联赛上也开始兼任教练，在为退役做准备。

陈梦则凭借着多出来的这一年，在实战中得到了锻炼。

　　中国乒协联合国际乒联在中国举办了一系列的比赛，陈梦先后拿到了全锦赛冠军、女单世界杯冠军、国际乒联总决赛冠军，她还把所有国际积分赛事的女单冠军也都收入囊中。她成为历史上首个总决赛四连冠球员，收获了人生第一张奥运入场券，世界排名也稳居第一。

　　她说："不能用一场球就证明自己可以，也不能因为一场球就说明我不行。"

　　备战东京奥运会的整个过程，陈梦一直状态稳定，做到了游刃有余，有备而战。

　　所以说，陈梦的这次夺冠，并非偶然。

　　是凭借过硬的实力，更源于她对梦想的不懈追求，是一次次的自我超越。

　　她赢在了坚持。

　　如今，她也是27岁的"老将"了。

　　她说自己技术上的细节还有待提高，整个球可以打得更合理一些，综合能力方面也需要提升。

　　未来，她还要超越梦想，继续前行。

愿你像白昼的月亮，温暖而独立

文/陈宇薇

诗人顾城写过一句特别美的诗："我愿做一枚白昼的月亮，不求炫目的荣华，不淆世俗的潮浪。"

每一个女孩都是世间独一无二的珍宝，在单枪匹马征战四方时，愿你仍能保持闪闪发亮，活出最真实、最闪耀的自己。

*

有这样一句话："不必行色匆匆，不必光芒四射，不必成为别人，只须做你自己。"

姑娘，此刻阳光正好，而你也风华正茂，何不用自己特有的色彩照亮梦想与前方，活得干净洒脱，拥有最真实的自己。

总有人认为，女孩子的完美人生就是找一份安稳的工作，找一个靠谱的男人，然后生儿育女，相夫教子。

其实不然，姑娘，人生路途漫漫，谁也不希望自己的未来是一眼可以望到尽头的。成长的过程总会遇到坎坷，有人选择放弃、"躺平"，但只有越过泥潭，才能走向远方。

谢丽尔·桑德伯曾鼓励万千女孩向前一步，她说："往桌前坐。"她认为很多女孩不能成为职场上的领导者，原因就在于不敢表达自己的想法，不敢坚持自己的梦想。

人生是自己的舞台，只有拼尽全力演出，一生果敢、一路真实，披荆斩棘向前走，落幕时才会不留遗憾。

一个一闪而过的灵感，一股说干就干的勇气，一腔热血澎湃的豪情，两个"90后"姑娘便开启了自己时尚创业的道路。

灵感来自冯豆豆在出行时看见有人戴口罩，她就想到口罩本就是时尚的元素之一。如果能给口罩加上各种好玩、有趣或者又酷又潮的图案，搭配不同的衣服一定很惊艳。

于是从决定开始，她们迅速敲定货源、租铺子、设计店面、装修、确定产品款式、生产上货、招募店员，在一个月内就做出来新品牌，这迅猛的行动力也让周围的人敬佩不已。

开业当天，客流量就爆满。这个新诞生的品牌，在没有其他资本介入的情况下，扩展迅速，几乎每个月就能开一家分店。

人生还长，不要轻易给自己设限，遵从自己内心的真实想法，让自己在未来有更多的选择。

所谓的完美人生，其实是在追求完美的路上，活出自信勇敢、独立坚韧的美丽模样。

*

李思圆认为："仪式感是把本来单调普通的事情，变得不一样，对此怀有敬畏心理。无聊的生活中，平淡是常态，你总要找到一种新的方式，让自己度过无趣的日子。"

在生活中，我们可以根据自己的喜好布置自己的小屋，让它有趣而温馨，哪怕生活中遇到再多的"鸡毛"，也能把日子过得浪漫而别致。

在结束了一天疲惫的学习或者工作之后，让心灵在家的港湾里放个假，读一本自己喜欢的书，听一首轻松愉快的歌，睡一个酣畅黑甜的觉，然后我们精神抖擞地继续为梦想而拼搏。

武汉有一个27岁的姑娘Doris，她遵从内心的喜好，把自己65平方米的小公寓装成小型私人图书馆，让自己的每一天都更有仪式感。

一进家门，映入眼帘的便是整面墙的书架，分门别类地摆放着上千本书。门口L型吧台书架上的书和册子，还会根据不同的节日主题而更换。

阳台上有一个绿植角，摆放着简单的桌椅。每天清晨，阳光给远处的建筑披上一层金黄色的薄纱，再暖暖地洒落在身上，坐在这里吃着早餐，感觉整个人都被自然治愈了。

更令人惊讶的是，屋内面积不大，而且还划分了吧台、玻璃房绿植角等小区域，整个空间依然让人觉得整洁又敞亮，不得不让人感叹她的奇思妙想。

生活中很多细节也会突显出主人可爱的小心思，洗手池镜子内某个角度能看见彩虹，很萌的抽屉把手、"诗物招领"贴纸海报，可以让客人带一首喜欢的诗走，随处可见的惊喜，无处不在的情调。

她在白天朝九晚五地辛勤工作，晚上便化身为图书馆的馆长，周末闲暇时还会去有趣的图书馆、咖啡店、宠物店当"一日店员"，生活既充实又自在。

生活虽然是日复一日的重复，但是我们可以用自己的巧思来点缀，让平凡的日子获得无限精彩、丰富多彩。

倪匡先生曾经说："喜欢怎么过日子，可以凭自己的意思，同样美丽。"

*

张德芬曾说："当我们真的发挥出女性特有的能量之后，就可以像繁花一样绽放，活出自己最真实、最舒服的样子。"

女性的魅力往往是与独特连在一起的，敢于做自己的女孩，身上会散发出独特的自信，不自觉便会流露出通透的美感和与众不同的气质。

很多人认为《你是我的城池营垒》中的女主米伸没有女性的柔媚，蠢萌蠢萌的。可她的大学同学却一针见血地指出她的魅力所在：容易让人忽视她的性别。

这句话乍一听是在讽刺，其实是在说米伟有自己的追求，她将重心放在治病救人、救死扶伤上，对于其他的都一笑而过。

别人笑她没有魅力，同事暗中使绊子，她都不计较，但是涉及病人，她就会特别较真、坚持自我。

她在全院大会上敢于坚持发表自己的医学观点，为了病人的安危也会挺身而出与无赖壮汉冷静周旋。

其实，她并非迟钝，只是想心无旁骛地将自己的光和热都撒在医学这片土地上，平时刻意淡化自己罢了。

她的自然真实也吸引优质男生邢克垒的关注，获得了一份专一纯粹又势均力敌的感情。

英国女作家夏洛蒂·勃朗特曾写过："天上有多少星光，世间有多少女孩，但天上只有一个月亮，世间只有一个你。"

姑娘，愿你能在纷扰的红尘中洒脱地做自己，在岁月的长河中用努力惊艳时光，成长为自己想要的模样，活出独一无二的风采。

不忘初心，方得始终

文 / 孙娇

　　世界上有一条很长很美的路，叫作梦想；还有一堵很高很硬的墙，叫作现实。

　　翻越那堵墙，叫作坚持；推倒那堵墙，叫作突破。

　　有这样一个团体，由5名来自上海戏剧学院京剧专业的"00后"女孩组成，她们是杨淅、边靖婷、朱鹮、程校晨以及朱佳音。因为都住在416宿舍，被网友称作"上戏416女团"（简称"416女团"）。2021年，"416女团"凭借用戏腔演绎的短视频歌曲，在互联网上掀起了长达半年的国粹热潮。

　　"416女团"迅速走红，更多的人认识了她们，同时在她们身上也看到一种执着的信念，叫作不忘初心。

*

　　台前数十秒，幕后十年功。

和戏曲相伴的童年注定与众不同。

成员朱佳音，小学二年级时，爷爷带她去剧院看戏，小小的她只看了一次就着了迷，因此经常吵着爷爷带她去看。爷爷见她喜欢，就带她去学习京剧，这一学就是十余年。

成员杨淅，10岁那年，考上了上海戏剧学院附属戏曲学校，从此十年如一日，每天早上6点起床，吊嗓子、练早功。从压腿、踢腿、横竖叉等基本功，到挥舞刀枪剑戟的"把子功"、翻滚跌扑的"毯子功"，样样不落。

成员边靖婷，为了让筋骨灵活柔软，在绑腿训练中，她要把腿绑在自己头上10到15分钟，随着时间的推移，两条腿从疼、到痒、再到麻木。等绑腿结束，两条腿几乎都没了知觉，这时为了把筋踢开，还得狂踢两条麻木的腿。胯伤、膝伤、腕伤、腰伤，和这个十几岁的女孩几乎形影不离。

成员程校晨，自小好动，在一众兴趣班里挑中了京剧。能传承京剧这门国粹是件好事，但在这条路上走下去要付出的艰辛也非比寻常。每天清晨5点多起床，6点出早功，白天上专业课和文化课，晚上六七点出完晚功才能回寝室。专业课的要求十分严格，一招一式都不能松懈。整节课进行搬腿、撕胯更是常事。

成员朱鹮，14岁时，差一点儿因伤被迫改行。朱鹮在练习"下高"时，不小心从高高的桌子上摔了下来，腰部受伤，将近一年都没有练功。但由于她对戏曲的痴迷，还是想留在京剧舞台上，内心怎么也不愿意放弃。于是在伤愈后，直接扎进了练功房，终日苦练。

学戏苦，但自己做的选择，无论如何也要坚持，何况在一些难熬的时刻，这份理想就是她们的精神支柱。

就像朱佳音直言的那样，如果不是有京剧这份执念，她可能很难坚持走出病痛。治疗期间，京剧是她克服疾病的动力源泉。

有所爱故而有所执，才有朝着目标奋斗的勇气和坚持。

*

走红之后，"416 女团"成员们并没有忘记曾经的初心，依旧努力推出新的作品。

但俗话说人红是非多，"416 女团"收获了大量粉丝，有了关注，也开始引起非议。

然而，面对质疑的声音，女团小姑娘们没有生气，反而是心平气和地向网友解释，自己并没有对京剧本身做任何改编，只是在用戏曲的发音唱戏腔。

春节期间，"416 女团"陆续参加了 b 站元宵晚会、河南卫视元宵晚会等演出录制。她们奔波在北京、上海、郑州、南京，为了演出熬了好几个通宵，经常是头一天凌晨回到酒店，第二天上午就要赶往下一个城市。

这时有人质疑她们的初心，有人觉得她们有团队，但女团成员解释，其实这些都没有。她们这么拼的背后只源于心中那份热爱。

在一次接受记者采访时，女团坦言，质疑声音让她们更加清楚未来走向和专业精进方向，作为一名演员，要清楚自己的定位，要想对得起观众，就要不断打磨自己的专业。苦练四功五法，提高自己的专业技能。

为了让更多人了解戏曲文化，从而将戏曲长长久久地传承下去，女团利用自己的专业优势，在古风歌曲中加入戏腔的元素，不仅选择一种贴近年轻人的方式演唱，同时还会在视频下方标注好每个人的唱腔，再附上原戏曲视频，只为让大家更好地了解戏曲相关的知识。

为了更贴合曲风和意境，也为了让观众能够更有代入感，女团成员们开始从汉服再到戏服，不断变换造型，让人们从她们的作品中领略到戏曲的神韵及魅力。

"416女团"的努力让更多的人感受到原来戏曲与流行音乐之间也可以交融得如此完美。

尽管毕业后大家各奔东西，可她们还是会时常聚在一起录制歌曲《探春》《牵丝线》《知否知否》等，可谓惊喜不断。

成长的路上，总少不了质疑和诋毁。然而，有时这份质疑往往会带给你新的思考和激发创新；这份诋毁，也会让你拥有更多坚持和力量。

*

谈及唱戏腔歌曲的初心，成员边靖婷说她们不是想让大家都去听戏腔而不听京剧，她们希望带动那些不听京剧的人，改变他们认为京剧老、旧、慢、长的刻板印象。

学习了京剧专业，并不是就被限制在里面了，她们希望能够证明京剧的无限可能性。

边靖婷说戏腔歌曲与京剧不同，唱歌的时候相对自由，可以在每一场演出中加入不同的唱法、动作等方面的设计。而京剧是一辈辈传下来的艺术，有需要遵循和传承的程式，不是她们这个年龄能够打破的。

所以，在她看来，现在要做的就是不停地攒劲，在舞台上、在观众的反馈中，不断地去尝试、改进、打磨，把在学校里学的东西都内化到身体里。

她们认为破圈之后不代表"躺平"，反而促使自己更加努力，也时时鞭策自己。

就像成员边靖婷在采访中说的，尽管现在在台上跑龙套、演二路甚至三路角色，但是她们坚信这是演员成长的必经过程。

正因如此，无论是台前幕后，她们都想要坚持以"00后"的方式做传统文化的传播者，扮演帮助人们敲开京剧之门的敲门砖。

不忘初心，方得始终。守得初心，才能到达希冀的彼岸。

运气，不过是机会碰到了你的努力

文／孙娇

台上三分钟，台下十年功。所有的成功都不是突然获得的，而是厚积薄发的结果。哪有那么多的运气，不过是努力之后积累的成果罢了。

在学校庆典上，有这么一个女孩火了，她身姿挺拔，嗓音独特，朗诵的每一个字都直击人心。她站在那里，就有一股自信之气迎面而来，也许正是这独特的气质，让人们记住了这个女孩，她就是中国传媒大学大三的冯琳。

*

冯琳出生于1999年，家乡是美丽的红船故里——浙江嘉兴。

冯琳从小就是个充满灵气的姑娘，父母眼中的乖乖女，对阅读、朗诵很是痴迷。

对于女儿的喜好，父母并没有横加干涉，还会专门抽出时间，陪冯琳一起读书，给女儿讲各种故事，带着她遍览浙江的名胜古迹。

在嘉兴浓郁的红色思想熏陶下，冯琳从小就有着很强的文化认同感。

2011年，当时还是个五年级学生的冯琳，就在学校组织的中国共产党建党90周年庆祝活动上，参加了向党献词的朗诵表演。

上了高中，冯琳对播音主持的热爱，开始变得越发不可收拾，经常带着班级参加文艺汇演。

高二那年暑假，冯琳决定了自己的人生志向，当一名优秀的节目主持人，报考中国传媒大学。

对这个大胆并有些冒险的决定，父母一开始自然不同意，但她决定听从自己内心的声音，最终说服了父母，开始"半路出家"，学习艺术方面的专业知识。

虽然走的是与普通高考生不同的道路，但冯琳却一刻也不敢懈怠。除了每天必要的练声、专业课练习之外，冯琳的文化课也没有落下。

最终，她以超过一本线19分的文化课成绩，成功被中国传媒大学录取，成为一名播音与主持专业的学生。

既然选择了远方，便只顾风雨兼程。

正如冯琳所说，她不想给自己的人生设限，既然有理想，也有一些优势，为何不去闯荡一下。

青春就是要拼搏，要努力，人生才会不留遗憾。

*

有这样一句话："事在人为，只要不给自己定界限，就不知道极限在何处。"冯琳就是这样一个人。

进入大学后，冯琳并没有放松下来，除了学习专业课之外，她还参加各种活动，她的身影更是频繁地出现在大众的视野中。

为了提升自己的专业素质，她还报名参加了一档《主播有新人》比赛。

作为参赛者中年龄最小的选手，冯琳身上的压力非常大，因为她并不是最优秀的，也不是最具天赋的。在比赛中，面对着比自己强的选手，冯琳一度有些紧张、焦虑，甚至在才艺展示环节出现了小失误。

但导师们暖心的鼓励，又让她重拾信心，坚定信念，最终凭借自己的经验顺利完成了比赛。尽管没能夺得冠军，但冯琳的优异表现还是得到了著名主持人杨澜的肯定和关注。

杨澜评价她，各方面的素质都很优秀，上镜很吸睛，让人不由自主地喜欢上她，并鼓励她遇强则强，做好自己。

这次舞台历练，让冯琳积累了主持经验，也锻炼了她的舞台应变能力，对于主持有了更加清晰的认知，对自己也越来越有信心。

　　但她并不满足于此，更是抓住机会，锻炼自己。后来作为实习主持人，和知名主持人金炜一起主持《小舍得》的开播盛典，表现也让金炜赞不绝口。

　　冯琳既是幸运的，也是非常有实力的。在她不设限的人生里，努力付出，让她在主持的路上越走越远。

*

　　冯琳曾在微博上写道："一棵树只有一直往上长，才知道自己适合怎样的高度。"

　　报名参加庆典领诵活动，也证实了她内心的向往，这是一个看似平常却在日后让她耀眼的决定。

　　领诵员的选拔标准十分严苛，这让很多学生望而却步，不敢轻易尝试。

　　然而自信的冯琳决定迎难而上。

　　一层层的选拔，既是对选手们的考验，也是对他们心志的一次次磨炼。

　　即便在播音主持方面有着丰富的经验和功底，冯琳却依然非常努力，从未有过懈怠，每天都认真完成每一个任务，最终从3000多名学生中脱颖而出，成了千里挑一的领诵员，开始长达3个月的封闭训练。

　　在训练中，她没有因为自己的功底而骄傲，而是在乏味枯燥的训练中，不断提升自己的综合实力。每天重复进行发声、朗诵练习，就连站姿以及摆臂幅度都要反复练习。

为了培养自己的情感，她还参观了红船博物馆，并且观看国家与党相关的影片。

除此以外，冯琳还要进行形体训练，反复练习，不敢有丝毫差错。

一遍又一遍重复着枯燥的事情，只为能够找到最好的状态。

宝剑锋从磨砺出，梅花香自苦寒来。

冯琳在训练期间所付出的努力，让她在领诵的环节，成为亿万观众眼中最特别的存在，她的辛苦和汗水，全国观众都看到了。

冯琳能够拥有作为领诵员的荣耀，绝对不是凭借运气获得的，而是靠着真正的努力所得。

正如冯琳的座右铭：只有自己不断向上，才能够看见更广阔的天空，才能够了解什么样的事情更适合自己。

冯琳不断向前，勇于挑战各种不可能的事情，打破人们固有的观念。她用实际行动告诉所有人，只要努力，一切皆有可能。

相信在将来的某一天，冯琳一定能够在主持界创造出属于自己的新天地。

谁都没有办法预测冯琳能够达到的高度，但我们知道，所有的成功都是用努力换来的，所谓运气，不过是机会碰到了你的努力。

越能克制自己的女孩，活得越通透

文/倪小七

你是否也曾为追一部剧而持续熬夜，导致第二天无精打采？你是否也曾因为迷恋某个人而整天想入非非，无心于学业和事业？

世界这么绚烂，总有一些人或事长在我们的审美点上。没有倾心过，那才是不正常的。人生如盛宴，微醺是最美的状态，若沉醉就是放纵了。如何才能惬意而又不醉？那就要学会克制。

真正爱生活的女孩，都知道该怎么克制自己。

*

生活中总是充满着诱惑。最容易吸引人的往往是容易的、轻浅的东西，比如手机游戏和短视频。有多少人整晚整晚地刷手机而耽误了工作和睡眠！

心里明明知道那些小视频除了让自己哈哈大笑之外毫无意

义，可是就是停不下滑动屏幕的手指。

心里明明想着"去读书吧""去工作吧""去陪陪爸爸妈妈吧"，可是眼睛却久久离不开手机屏幕。

于是就劝自己说今晚多玩一会儿，明天再玩就剁手。可"我生待明日，万事成蹉跎"。

我们为什么对手机这么欲罢不能？不是因为它值得爱，而是因为它容易爱。

人的本性是偏向懒惰的，读书、工作没有一项是容易的，所以我们更容易偏爱那些能让我们放松甚至上瘾的事情。因为它们暗合了人懒惰的天性。

可是，那些都是消耗了我们的青春甚至是生命的东西啊！它们不值得爱，不是所有的爱好都值得我们付出精力。精力用在对的地方，不论成败都是收获；精力用在无意义的地方，始终都是错付。

生活中的诱惑就像有毒的蘑菇，它那鲜艳的色彩就是温柔的陷阱，时时刻刻散发着诱人的气息。只有头脑清醒懂得克制的人才能远离陷阱，始终行走在既定的道路上。

诱惑有时候甚至会撕掉温柔的面具，变成狂暴的漩涡。它疯狂地旋转着试图把所有靠近的人都拖下水。我们必须克制靠近的冲动。只有懂得克制的人才能让自己不偏航，才能最终到达自己想去的任何地方。

能克制诱惑的女人，永远不会走错路。

*

有句哄人的老话叫"努力就有收获"。如果把收获比作一枚果实的话，那么努力就是去摘那果实的路。不是每一次出发都能到达，因为我们很可能选错了路。即便没选错也有可能还没走到就累趴下了。

成功从来不可能一蹴而就，收获往往都是在无数次努力之后。

四川女孩曹晓洁就是一个很好的例子。曹晓洁家在大山里，家境贫寒，没有任何资源和背景。为了改变命运，她一心想考本科。可是，她考了两次都失败了。好在她没有放弃，虽然只能选择上大专，但她硬是凭借优异的英语成绩，敲开通往成功的大门。2008年毕业时，她先后收到3家跨国公司的录取通知。

从高考落榜生到"最牛专科生"，曹晓洁靠的就是克制。艰难和失败总能让人退缩、颓废甚至怀疑和放弃自己。如果纵容这些负面情绪蔓延，那人就废了。只有克制这些情绪，把它们压下去，让自己咬牙站起来，生活才能精彩起来。

不是所有的付出，都有回报。当希望落空时，克制负面情绪才能让我们不止步。曹晓洁克制住了挫败感和退意，所以她成就了自己。

那我们呢？当我们学业不顺利时，工作不出色时，感情有波折时，我们是不是也应该克制一下那些恣肆横生的消极情绪？

　　姑娘们，不论你遇到了什么困难，请记得把悲伤情绪压下去，把头颅抬起来保持平稳的呼吸，然后勇敢地迈步前行。

*

　　克制不是压抑自己，更不是卑微懦弱，克制是为了更好地前行。克制犹如给自己做减法，把拖自己后腿的习惯和负面情绪通通清理掉，然后轻装上阵轻松前行。

　　每做一次减法，前行的步伐就越轻快。

　　高尔基说过："每一次克制自己，就意味着比以前更强大。"

　　是啊，懂得克制自己的人一定是心智坚定、目标明确的人，这样的人怎么可能不强大。

　　因为他们的人生都是自己选择的，不会被任何人、任何事所左右。所以越能克制自己的女人，活得越高级。

　　谭元元这个名字，在所有学芭蕾的人心中就是神一样的存在。她是从一个普通工薪家庭走出来的"芭蕾皇后"，是世界顶级芭蕾舞团中唯一的华人首席演员。

　　谭元元能活得这么精彩而高级，完全得益于她的自我克制。当年她在上海舞蹈学院练舞的时候，每到冬天脚上就冻出了冻疮，训练时舞鞋把冻疮磨破了，血水将脚和鞋黏在了一起，晚上脱鞋时钻心地疼。一夜时间伤口根本来不及愈合，第二天又要接着练、接着磨，日复一日。十几岁的她就那样顶着疼痛练习，一声也不吭。

　　学芭蕾的女孩子太多了，能有谭元元这样成就的有几个？人在面对考验时能咬牙坚持多久，就能走多远。正是面对苦难时的自我克制才成就了她的高度。

　　越能克制自己的女人，活得越高级。

　　布封说："我们的真正快乐在于能自由地支配自己。"

　　我想，人类最高级的生活莫过于自由。但这自由支配的高级感是不可能凭空获得的，它必须是在不断地自我克制之后。

　　克制让人远离诱惑，远离负面情绪，远离坏习惯，从而收获坚定的心智和出色的能力，到达自己预定的领地。到达才是自由的开始。所谓"不经一番寒彻骨，怎得梅花扑鼻香"说的不就是这个道理吗？

　　懂得克制的女孩，心中有梦，眼里有光，人生有方向。她们会越过越通透，越活越精彩。